재건축아파트
트렌드
2025~2032

재건축아파트 트렌드 2025~2032
인공지능이 예측한 재건축아파트 시세

초판 1쇄 발행 2025년 1월 10일

지은이 양진영
펴낸이 장길수
펴낸곳 지식과감성#
출판등록 제2012-000081호

교정 주경민
디자인 강샛별
편집 강샛별
검수 한장희, 이현
마케팅 김윤길, 정은혜

주소 서울시 금천구 벚꽃로298 대륭포스트타워6차 1212호
전화 070-4651-3730~4
팩스 070-4325-7006
이메일 ksbookup@naver.com
홈페이지 www.knsbookup.com

ISBN 979-11-392-2350-7(03320)
값 19,000원

- 이 책의 판권은 지은이에게 있습니다.
- 이 책 내용의 전부 또는 일부를 재사용하려면 반드시 지은이의 서면 동의를 받아야 합니다.
- 잘못된 책은 구입하신 곳에서 바꾸어 드립니다.

지식과감성#
홈페이지 바로가기

인공지능이 예측한 재건축아파트 시세!

재건축아파트 트렌드
2025~2032

"5세대, 50층 아파트 시대가 온다."

압구정, 반포, 잠실, 여의도, 이촌, 한남, 성수 등
'한강르네상스' 지역이 미래의 최상위층 거주지

사과랑(양진영) 지음

| 향후 8년간 재건축아파트 가격예측법 | 한강변 50층 국평 100억 원 시대의 도래 | 과시적 소비가 부르는 아파트 양극화 현상 |

책을 펴내며

이 책의 주제는 향후 10년간의 아파트 시장 예측이다. 이를 위해 과거의 선례나 통계를 활용하기보다 이제 막 우리나라가 들어선, 3만 달러 선진국 아파트 시장의 부동산 트렌드를 응용하는 방법을 썼다. 그 결과 이 책이 제시하는 키워드는 '50층 초고층 아파트, 과시적 소비, 한강 르네상스'의 세 가지이다. 이 책을 몇 줄로 요약하면 아래와 같다.

- 선진국형 주거 문화에 진입한 한국에서는 먼저 거쳐 간 미국, 영국, 일본처럼 50~70층 초고층 아파트가 명품처럼 자신의 정체성을 드러내는 과시적 소비의 대상이 될 것이다.
- 이런 지역에 최상위층이 집중돼 초고층 아파트가 서민이 접근할 수 없는, 수백억 원대의 가격을 형성할 것이다.
- 우리나라의 경우 서울시가 추진해 온 한강 르네상스 정책이 이런 초고가 아파트 지역 형성에 영향을 주고 있다.

따라서 이 책은 3, 4장에서 인공지능의 계산을 활용해 제시하는 재건축 아파트 가격이 주요 논점이 아니다. 이들 가격은 인공지능에게 주어지는 질문(프롬프트)이나 가격을 결정하는 거시적·미시적 변수에 따라 얼마든지 변화가 가능하다. 강남3구·한강변 아파트는 래미안원베일리를 통해, 개포·대치는 개포 자이프레지던스를 통해 8년 후 준공 후 가격 예측이 가능한 반면, 아직 주도적인 재건축 단지가 나오지 않은 목동, 여의도, 이촌 등은 가격 예측이 어려워 생략했다.

　필자는 부동산학을 전공하지도 않았고, 매스컴에 등장하는 부동산 전문가도 아니다. 누구나 글을 올릴 수 있는 네이버 부동산 카페에 글을 올리고, 많은 분들이 공감을 표시해서 부동산 분야의 책까지 쓰게 됐는데, 사실 필자의 관심사는 부동산의 향방이나 아파트 시세가 아니다. 구태여 말하자면 미래의 변화에 관심이 더 많다. 휴머노이드 로봇이 가사 도우미나 말동무가 되는 시대, 아이큐가 수천 단위인 인공지능이 인간을 대신해 사무실에서 일하는 시대 등 향후 10년 내에 다가올 이런 미래를 연구하다 보니 부동산이나 아파트의 미래도 좀 알게 됐다.

　부동산을 전세가, 주택가격전망지수 등 미시적인 준거로 분석하는 전문가들이 많은데, 필자는 부동산 연구자가 아니므로 경제성장률, 소비사회 이론 등의 거시적 틀에 기반해 이 책을 썼다. 10년 후를 예상하는 글은 다소 생뚱맞고 논쟁적이기 마련이므로 널리 양해 바란다. 이 책의 내용은 네이버 〈부동산스터디〉 카페의 구독자들에게 크게 빚지고 있음을 밝힌다.

목차

책을 펴내며 ... 4

1장 주식·아파트 투자 이론

1. 견고한 토대 이론 ... 10
2. 내재가치 측정 모델 ... 21
3. GGM 모델을 활용한 아파트 내재가치 계산법 ... 27
4. 효율적 시장 가설(EMH)에 따른 아파트 투자 ... 36
5. 인공지능으로 아파트 가격 알아보기 ... 47

2장 아파트의 미래 트렌드

1. 2025년 아파트 시장 예측 ... 58
2. 5세대, 50층 아파트 시대의 시작과 조건 ... 62
3. '한강 르네상스'의 재건축 프리미엄은 40% ... 69
4. 주거지의 과시적 소비와 양극화 현상 ... 77

3장   재건축아파트 가격 예측(강남3구·한강권)

1. 경기 상승 시 재건축 후 압구정 신현대 108억,
   신반포2차 90억, 잠실 주공5단지 52억   90
2. 경기 침체 시 재건축 후 상계 13억,
   분당 20억, 대치 40억, 압구정 60억   104
3. 압구정 한양1차 77억, 압구정 미성1차 76억   111
4. 잠실 우성1·2·3차 44억, 잠실 장미1차 42억   122

4장   재건축아파트 가격 예측(개포·대치권)

1. 대치 한보미도맨션 68억, 개포 주공5단지 60억   136
2. 개포 우성3차 50억, 대치 은마 46억   150

5장   재건축아파트 가격 예측(강남3구·비한강권)

1. 반포 미도1차 63억, 서초 진흥 53억   166
2. 방이 올림픽선수기자촌 42억, 오금 현대 32억   176

부록: 『랜덤워크 투자수업』에서 배우는 인덱스펀드 투자 전략   188

투자란 자산을 구매해 배당금, 임대료 등 예측 가능한 이득을 얻는 활동을 말한다. 투기자는 단기간에 이득을 취하기 위해 주식이나 부동산을 사는 반면 투자자는 장기간에 걸쳐 현금 소득과 자본 수익의 꾸준한 소득을 얻기 위해 주식이나 아파트를 산다.

이런 투자는 단순히 돈을 벌기 위한 수단이 아니다. 투자가 필수인 자본주의 사회에서 투자는 그 자체로 하나의 삶의 방식이며 개인의 철학이다. 투자는 자신의 가치관과 철학을 반영하는 행위이다. 투자자는 자신이 추구하는 가치와 일치하는 기업이나 부동산에 투자한다. 이를 통해 자신의 가치관과 철학을 실현하고, 이를 통해 삶의 만족도를 높이는 것이다.

투자는 또한 자신의 성장을 위한 도구이다. 투자를 하면서 투자자는 다양한 지식과 경험을 쌓게 된다. 이를 통해 자신의 역량을 향상시키고, 더 나은 미래를 위한 준비를 할 수 있다. 그렇기 때문에 진정한 투자자는 투자 행위를 통해 돈을 버는 것뿐만 아니라 그 과정에서 즐거움을 느낀다.

이런 투자는 불확실성과의 싸움이다. 주식 시장은 예측할 수 없는 변수들로 가득하며 부동산 시장 역시 마찬가지다. 이러한 불확실성 속에서 투자자는 자신의 판단력과 인내심을 시험받게 된다. 하지만, 진정한 투자자는 이러한 불확실성을 두려워하지 않는다. 오히려, 불확실성 속에서 기회를 찾아내고, 이를 즐기는 것이다.

1장
주식·아파트 투자 이론

진정한 투자자는 투자 행위를 통해 자신의 삶을 더욱 풍요롭게 만든다. 투자를 통해 돈을 버는 것뿐만 아니라, 자신의 가치관과 철학을 실현하고, 자신의 성장을 위한 기회를 얻는다. 투자는 단순히 돈을 벌기 위한 수단이 아니라 그 자체로 하나의 철학이며 삶의 방식이다. 진정한 투자자는 투자 행위를 통해 자신의 삶을 더욱 풍요롭게 만들고, 이를 통해 행복한 삶을 살아간다. 이런 취지에 따라 이 책은 주식 투자에서 널리 알려진 투자 이론들을 우리나라의 부동산 투자에 응용해 보려고 한다.

견고한 토대 이론

　미국 프린스턴대 교수로 저명한 투자 이론가인 버턴 말킬은 1900년 이후 투자 이론을 크게 두 가지로 구분한다. 하나는 견고한 토대 이론(firm-foundation theory)으로 근본적 분석 혹은 가치 투자 이론으로 불린다. 1930년대에 벤저민 그레이엄(Benjamin Graham)이 이 이론을 제시했는데, 1970년대 이후 말킬 등이 주도하는 효율적 시장 이론으로 발전해 왔다. 가치 투자의 대가로 불리는 워런 버핏을 통해 이 이론은 투자자들에게 널리 알려져 왔다.

　다른 하나는 공중누각 이론(castle-in-the-air theory)으로 기술적 분석 혹은 심리 투자 이론으로 불린다. 이 분석 기법은 거시경제학의 창시자인 케인즈가 처음 제시했고, 1970년대 이후 행동금융학, 행동재무학 등의 이름으로 발전해 왔다. 이 학파의 추종자들은 주식 투자에서 과거 차트를 분석해 미래 가치를 예상하는 기법에 치중해 이른바 차티스트로 불린다.

　공중에 떠 있는 누각은 근거나 토대가 없는 사물이나 생각을 비유한다. "주식은 심리다."라고 규정한 케인즈는 주식 투자를 대중이 공중에 누각을 쌓는 과정으로 보았다. 이 때문에 기업의 내재가치를 파악하기보다 투자자들이 공중에 누각을 구축하는 열정이 얼마나 오래 가는가에 주목했다. 이 이론을 계승한 오스카 모겐스턴은 무엇이 기업의 미래 이익에 영향을 줄지를 판단하기는 불가능하다는 점에서, "주식의 내재가치를 찾는 노력은 도깨비불을 찾아 돌아다니는 일"이라고 가치 투자자들을 비판했다.

　이 책이 따르는 견고한 토대 이론에서는 주식이든 부동산이든 모든 투자 자산은 내재가치(intrinsic value)를 갖고 있다고 가정한다. 이 이론에 따르면 아파트 가격이 내재가치보다 떨어지면 혹은 올라가면 견고한 토대로 돌아올 수밖에 없기 때문에 매수 혹은 매도 기회가 증가한다. 이 이론에서 아파트 투자란 시장 가격과 내재가치를 비교해서 매수와 매도를 판단하는 단순한 활동이다.

　이런 투자 이론에 따르면 국평을 기준해 2020년 착공 시 31억이었던 구 경남아파트(래미안원베일리)가 2024년 준공 후 50억 원까지 상승한 비례율에 기준해 보면, 현재 50억 원인 압구정 신현대아파트의 준공 후 내재가치는 90억 원이라는 분석이 가능하다. 이런 내재가치 개념을 믿는다면 경기의 불확실성에도 불구하고 지금 50억 원을 투자해 압구정 신현대아파트를 사는 사람이 진정한 투자자일 것이다.

　지난 90년 이상 주식 시장에서 견고한 토대 이론은 자산, 이익, 현금흐름 등 기업의 기본 원칙을 바탕으로 기업의 내재가치를 강조하는 대표적인 투자 이론으로 알려져 왔다. 이 이론에서는 주가가 재무 성과와 운영 능력에서 파생된 회사의 진정한 가치를 반영해야 한다고 가정한다. 이 이론은 가격이 투자자 정서나 추측에 따라 본질적인 가치에서 크게 벗어날 수 있다는 생각과 대조된다.

　견고한 토대 이론은 20세기 초, 특히 실질적인 지표를 기반으로 주식을 평가하기 위한 프레임워크를 구축하려는 경제학자와 투자자의 연구와 관련이 있다. 이러한 발전의 핵심 인물 중 하나는 종종 가치 투자의 아버지로 여겨지는 벤저민 그레이엄이다. 그의 기여는 회사의 근본적인 성과의 중요성을 강조하는 증권 평가에 대한 체계적인 접근 방식의 토대를 마련했다.

그레이엄은 회사의 내재가치는 엄격한 재무 분석을 통해 평가할 수 있는 수익과 자산에 의해 결정된다고 주장했다. 그는 손실 위험을 줄이기 위해 주식 가격이 내재가치보다 훨씬 낮을 때 주식을 매수해야 한다는 '안전 마진' 개념을 도입했다.

그의 주요 저서, 특히 『Security Analysis』와 『The Intelligent Investor』는 정량적 지표에 초점을 맞추고 철저한 실사의 필요성을 강조한다. 그레이엄은 확고한 펀더멘털에 기초한 규율 있는 투자가 시간이 지남에 따라 수익을 창출하여 투자자들이 시장의 비효율성을 활용할 수 있게 해줄 것이라고 믿었다.

그의 이론을 확장시킨 데이비드 드레먼(David Dreman)은 역투자에 대한 연구와 행동금융 원칙을 견고한 토대 이론에 적용한 것으로 유명하다. 그는 투자자들이 종종 시장 이벤트에 과잉 반응하여 주식 가격이 잘못 책정된다고 주장했다. 드레먼은 자신의 저서 『역발상 투자』에서 투자 결정에 있어 심리적 요인의 중요성을 강조하면서 주가가 인간의 감정으로 인해 본질적인 가치에서 벗어나는 경우가 많다는 점을 시사했다. 그의 연구는 펀더멘털에 초점을 맞추는 것이 저평가된 주식을 식별하는 데 도움이 될 수 있다는 생각을 뒷받침한다.

그레이엄의 제자인 워런 버핏(Warren Buffett)은 견고한 토대 이론의 원칙을 중심으로 투자 철학을 세웠다. 그는 장기적인 가치 투자를 강조하며 기업의 비즈니스 모델과 경쟁 우위를 이해하는 것이 기업의 내재가치를 결정하는 데 중요하다고 믿었다. 버핏은 시간이 지나도 경쟁 우위를 유지할 수 있는 회사의 능력을 가리키는 '경제적 해자' 개념에 대해 논의한다. 그는 탄탄한 펀더멘털, 예측 가능한 수익, 효과적인 경영 원칙을 갖춘 기업에 투자하는 것을 옹호하며, 기업 펀더멘털에 대한 철저한 분석이 더 나은 투자 결과로 이어진다고 강조한다.

존 버 윌리엄스(John Burr Williams)는 예상되는 미래 배당금을 기준으로 주식의 내재가치를 평가하는 배당할인모형(DDM)을 개발한 학자로 유명하다. 그는 주식의 가치는 근본적으로 그것이 창출하는 현금 흐름과 연결되어 있다고 강조했다. 윌리엄스는 자신의 저서 『투자 가치 이론』에서 기업의 가치는 미래 현금 흐름의 현재 가치를 기준으로 계산해야 한다는 개념을 소개했다. 이 접근법은 주가가 투기적 힘보다는 근본적인 금융 현실을 반영해야 한다는 생각을 강화함으로써 견고한 토대 이론을 한층 발전시켰다. 이 이론의 핵심 개념을 요약하면 아래와 같다.

(1) 내재가치

견고한 토대 이론의 중심에는 재무 성과를 기반으로 회사의 진정한 경제적 가치를 나타내는 내재가치 개념이 있다. 주식의 내재가치를 평가하기 위한 결정 요인으로는 ① 기대 성장률(합리적인 투자자는 배당과 이익의 성장률이 높은 주식에 더 높은 가격을 지불하고자 한다. 합리적인 투자자는 높은 성장률이 더 오래 지속될 것으로 예상되는 주식에 더 높은 가격을 지불하고자 한다.), ② 기대 배당금(합리적인 투자자는 다른 조건이 동일할 때 배당금을 더 지급하거나 자사주를 사들이는 기업의 주식에 더 높은 가격을 지불하고자 한다.), ③ 위험 관리(합리적인 투자자는 다른 조건이 동일할 때 위험이 낮은 주식에 더 높은 가격을 지불하고자 한다.), ④ **시장 금리**(합리적인 투자자는 다른 조건이 동일할 때 금리가 낮을수록 주식에 더 높은 가격을 지불하고자 한다.) 등이 꼽힌다.

존 버 윌리엄스는 『투자 가치 이론』에서 주식의 내재가치를 결정하는 하나의 공식을 제시했다. 윌리엄스의 접근 방식은 배당 수익에 기반을 둔다. 윌리엄스는 좀 더 세밀한 분석을 위해 '할인'이라는 개념을 도입했다. 그의 핵심 아이디어는 미래에 얻을 수 있는 현금 흐름을 현재 가치로 할인하여 자산의 가치를 평가하는 것이다. 쉽게 말해 1년 후에 100만 원을 받는 것과 지금 당장 100만 원을 받는 것은 가치가 다르다는 것을 의미한다. 왜냐하면 돈은 시간이 지남에 따라 이자를 통해 불어날 수 있기 때문이다.

윌리엄스는 이러한 할인 개념을 바탕으로 배당할인모형(Dividend Discount Model, DDM)을 개발했다. 배당할인모형은 기업이 미래에 지급할 배당금을 현재 가치로 할인하여 주식의 가치를 평가하는 방법이다. 즉, 주식의 가치는 기업이 미래에 얼마나 많은 배당을 지급할 수 있는지에 따라 결정된다는 것이다.

그가 개념화한 할인율은 미래의 현금 흐름을 현재 가치로 할인하는 데 사용되는 비율이다. 할인율이 높을수록 미래의 현금 흐름의 현재 가치는 낮아진다. 할인율을 결정하는 요인으로는 무위험 이자율(투자자가 안전한 자산에 투자하여 얻을 수 있는 이자율), 시장 위험 프리미엄(투자자가 위험한 자산에 투자하여 얻고자 하는 추가적인 수익률), 개별 기업의 위험(특정 기업의 사업 특성, 재무 상태 등에 따른 위험)이 꼽힌다.

엔비디아, 마이크로소프트, 애플과 같은 기업의 주가는 투자자들이 이들 기업의 미래 성장 가능성을 높게 평가하기 때문에 높게 형성되어 있다. 이는 곧 투자자들이 이들 기업이 미래에 높은 수익을 창출하고,

이를 바탕으로 높은 배당을 지급하거나 주주 가치를 높이는 활동을 할 것이라고 기대하고 있음을 의미한다.

엔비디아의 경우 인공지능, 자율주행차 등 미래 성장 산업에서 핵심적인 역할을 하고 있다. 투자자들은 엔비디아가 이러한 산업의 성장에 따라 지속적인 성장을 이룰 것이라고 기대하며, 높은 할인율을 적용하더라도 엔비디아 주식의 가치가 높다고 판단할 수 있다. 즉, 엔비디아의 미래 성장 가능성이 높기 때문에 현재 주가가 높더라도 투자 가치가 있다고 평가하는 것이다.

마이크로소프트는 클라우드 컴퓨팅, 게임, 생산성 소프트웨어 등 다양한 분야에서 강력한 경쟁력을 갖추고 있다. 마이크로소프트 역시 엔비디아와 마찬가지로 미래 성장 가능성이 높게 평가되며, 이에 따라 높은 주가를 형성하고 있다.

애플의 경우 아이폰, 맥북 등 프리미엄 제품을 중심으로 높은 브랜드 가치를 구축하고 있다. 애플은 다른 기업들에 비해 상대적으로 안정적인 성장을 보여 주고 있으며, 이에 따라 투자자들은 애플 주식을 안전 자산으로 인식하는 경향이 있다.

이 할인 개념은 투자 가치 평가에 있어 매우 유용한 도구이지만 몇 가지 한계점을 가지고 있다. 첫째는 미래 예측의 어려움이다. 미래의 현금 흐름을 정확하게 예측하기는 매우 어렵다. 둘째는 할인율의 주관성이다. 할인율은 투자자의 판단에 따라 달라질 수 있으며, 이는 평가 결과에 큰 영향을 미친다. 마지막은 단순화된 모델의 한계이다. 실제 기업의 가치는 다양한 요인에 의해 결정되기 때문에 단순한 배당할인 모형으로 모든 것을 설명할 수 없다.

(2) 재무 지표

견고한 토대 이론에서는 주로 다음과 같은 재무 지표들을 활용하여 기업의 내재가치를 평가한다.

- **주당순이익**(EPS): 기업이 1주당 얼마의 순이익을 창출했는지를 나타내는 지표로 기업의 수익성을 평가하는 데 사용된다. EPS가 높을수록 기업의 수익성이 좋다고 볼 수 있다.
- **주가수익률**(Price Earnings Ratio, PER, P/E): 주가가 1주당 순이익의 몇 배에 해당하는지를 나타내는 지표로 주식이 얼마나 비싸게 거래되고 있는지를 보여 준다. P/E 비율이 낮을수록 주식이 저평가되어 있다고 판단할 수 있다.
- **자기자본이익률**(ROE): 자기자본 대비 순이익의 비율을 나타내는 지표로 자본 효율성을 평가하는 데 사용된다. ROE가 높을수록 기업이 자본을 효율적으로 활용하여 이익을 창출하고 있다는 것을 의미한다.

엔비디아는 인공지능, 자율주행, 메타버스 등 미래 성장 산업의 핵심 기술인 GPU 시장을 선도하며 높은 성장세를 보이고 있다. 엔비디아의 높은 기술력과 시장 지배력은 높은 EPS와 ROE를 가능하게 하며, 이는 엔비디아의 주가를 지속적으로 상승시키는 주요 요인이다. 애플의 경우 스마트폰, 컴퓨터, 웨어러블 기기 등 다양한 제품을 통해 글로벌 시장을 선도하고 있다. 애플의 탄탄한 브랜드 가치와 혁신적인 제품 개발 능력은 높은 수익성을 보장하며, 이는 애플의 주가를 안정적으로 유지시키는 핵심 요인이다.

(3) 비효율적 시장

견고한 토대 이론에 따르면 주식의 가격은 그 주식이 창출할 미래의 수익 흐름을 현재 가치로 할인한 금액이다. 그러나 현실에서는 시장의 비효율성과 불확실성이 주식의 가격을 왜곡시킬 수 있다. 이러한 비효율성은 다양한 요인에 의해 발생한다.

먼저 행동 편향을 들 수 있다. 투자자들은 때때로 비합리적인 결정을 내리는데, 이는 감정적 반응이나 군중 심리에 의해 좌우될 수 있다. 엔비디아와 같은 기술 주식은 한때 과대평가되기도 했으며, 이는 투자자들이 시장의 과열을 예측하지 못하고 지나치게 낙관적이었기 때문이다. 이런 현상은 투자자들이 주식의 내재가치를 냉철하게 평가하지 못하게 한다.

또 다른 요인은 단기 시장 변동성이다. 애플과 같은 대기업은 그 가치가 장기적으로 볼 때 확고하지만 단기적으로는 시장의 변동성에 영향을 받을 수 있다. 애플의 신제품 발표나 기술 혁신에 대한 뉴스는 주가에 즉각적인 영향을 미칠 수 있다. 이런 단기적인 변동 때문에 주식의 내재가치를 정확히 평가하는 것은 어렵다.

정보의 부족 또한 문제이다. 투자자들은 항상 완전한 정보를 가지고 있지 않으며, 이는 잘못된 결정을 초래할 수 있다. 엔비디아의 새로운 기술 개발이나 애플의 전략적 변화에 대한 내부 정보를 미리 알 수 있는 사람은 거의 없다. 이런 정보의 비대칭성은 시장의 효율성을 더욱 악화시킨다.

이와 같은 이유로 견고한 토대 이론은 주식의 내재가치를 평가할 때 시장의 불확실성을 반드시 고려해야 한다고 강조한다. 이 이론은 주식의 장기적인 가치를 평가하는 데 유용하지만, 투자자들은 단기적인 변동성과 행동 편향, 정보 부족 등 다양한 요인들을 감안하여 신중하게 판단해야 한다.

(4) 위험 관리

견고한 토대 이론은 주식의 위험 요소를 중시한다. 위험 관리를 중시하는 투자자들은 안전 마진을 확보하고 영구적인 자본 손실 위험을 줄이기 위해 다양한 전략을 사용한다. 테슬라와 같은 대기업은 혁신적인 기술과 강력한 브랜드 파워로 높은 가치를 지니고 있지만, 동시에 고도의 변동성을 동반한다. 이런 주식에 투자할 때는 미래의 불확실성을 감안하여 안전 마진을 확보하는 것이 중요하다.

마이크론 같은 반도체 회사 역시 마찬가지이다. 반도체 산업은 주기적인 변동성과 글로벌 시장의 경기 변동에 크게 영향을 받는다. 따라서 마이크론의 주식을 평가할 때는 이러한 변동성을 고려하여 충분한 안전 마진을 확보해야 한다. 이는 불확실한 시장 상황에서도 자본 손실을 최소화할 수 있는 방법이다.

벤저민 그레이엄과 데이비드 도드는 『증권분석』을 통해 월스트리트 증권분석가 전 세대에 영향을 크게 미쳤다. 이를 통해 분석가들은 건전한 투자 관리를 위해서는 가격이 일시적으로 내재가치보다 떨어져 있는 종목을 매입하고 일시적으로 올라가 있는 종목을 매도해야 한다는 간단한 사실을 배웠다. 그레이엄과 도드의 가장 대표적인 수제자는 '오마하의 현인'이라고 불리는 워런 버핏일 것이다.

견고한 토대 이론의 지지자인 버핏이나 피터 린치 같은 월스트리트의 전설적인 투자자들은 기업에 대한 철저한 분석을 통해 저평가된 종목을 발굴하고 분산 투자를 통해 리스크를 최소화하는 전략을 추구해 왔다. 버핏은 본인이 잘 아는 기업에만 투자하며 가치 대비 저렴한 가격일 때만 매수했고, 린치는 유행 따라 급등하는 테마주 대신 철저히 개별 종목 위주의 접근 방식을 선호했다. 이렇게 함으로써 시장 전체가 하락하더라도 손실을 최소화하고, 반대로 상승장에서는 초과 수익을 올리는 기법을 사용했다.

버핏이나 린치 같은 견고한 토대 이론에 기반한 분석가들은 시장이 90%의 논리와 10%의 심리로 돌아간다고 본다. 이들은 과거에 주가 움직임이 보여 주는 특정한 패턴에는 관심이 없고, 기업의 각종 재무 정보를 통해 주식의 적절한 내재가치를 찾기 위해 노력한다. 이들은 시장은 결국 내재가치로 회귀할 것으로 믿고 장기 투자를 하는데, 월스트리트 주식 분석가의 90%가 기본적 분석가로 분류된다.

이렇듯 견고한 토대 이론은 투자자들에게 매력적인 접근 방식을 제시하지만, 이러한 매력에도 불구하고 근본적인 한계가 존재한다. 가장 큰 문제는 미래 성장 기간과 범위를 정확하게 예측하기 어렵다는 점이다. 아무리 철저한 분석을 거친다고 해도 미래는 불확실성으로 가득 차 있다. 새로운 기술의 등장, 경쟁 환경의 변화, 정책 변동 등 예상치 못한 변수들이 발생할 수 있으며 이러한 변수들은 기업의 성장 궤적을 크게 바꿔 놓을 수 있다.

또 다른 한계는 내재가치를 평가하는 과정 자체도 주관적인 요소가 개입될 수밖에 없다는 점이다. 할인율, 성장률, 그리고 미래 현금 흐름을 어떻게 추정하느냐에 따라 내재가치는 크게 달라질 수 있다. 따라서 투자자마다 다른 내재가치를 산출할 수 있으며 이는 투자 판단의 신뢰성을 떨어뜨리는 요인이 된다.

이 이론의 비판자들은 견고한 토대 이론의 한계를 여실히 보여 준 사례로 1990년대 후반의 닷컴 버블을 거론한다. 당시 많은 투자자들은 인터넷 산업의 막대한 성장 가능성을 기대하며, 아직 수익을 내지 못하는 닷컴 기업들의 주식을 높은 가격에 매수했다. 하지만 인터넷 버블 붕괴 이후, 대부분의 닷컴 기업들은 막대한 손실을 기록하며 투자자들에게 큰 피해를 입혔다.

이 사례는 기업의 미래 성장 가능성에 대한 과도한 기대가 얼마나 위험할 수 있는지를 보여 준다. 닷컴 기업들의 경우 막대한 성장 잠재력을 가지고 있었지만 실제로 이러한 잠재력을 현실화시키지 못했다. 투자자들은 기업의 내재가치를 정확하게 평가하지 못하고, 단순히 성장 기대감에만 의존하여 투자 결정을 내렸던 것이다.

내재가치 측정 모델

견고한 토대 이론에서는 주식, 채권, 부동산 등 모든 투자는 펀더멘털에 따라 결정되는 내재가치를 갖는다고 가정한다. 이 개념은 수요와 공급 역학, 투기 또는 정서로 인해 변동하는 시장 가격과 대조된다. 시장 가격이 내재가치에서 벗어나면 결국 시간이 지남에 따라 내재가치로 되돌아가서 투자자가 저평가된 자산을 매수하거나 고평가된 자산을 매도할 수 있는 기회를 창출한다는 개념이다.

이런 개념에 따르면 한국의 기축, 재건축 아파트도 장기간에 걸친 입지의 우수성이 만드는 펀더멘털에 따른 고유의 내재가치를 갖는다고 할 수 있다. 뒤에서 계산했듯이 압구정, 반포, 잠실은 강남구와 한강변이라는 공통 입지에 따라 가격의 상관관계를 가지고 있고, 내재가치 역시 서로의 비례율에 따라 결정된다는 가설이 가능해진다. 이 책은 이런 가설에 바탕해 주식 투자에 응용되는 투자 기법을 한국의 아파트 투자에 적용해 보려는 시도이다.

앞서 설명한 대로 견고한 토대 이론은 벤저민 그레이엄과 그의 추종자, 특히 워런 버핏과 밀접한 관련이 있다. '가치 투자의 아버지'로 알려진 벤저민 그레이엄은 그의 고전 저서 『현명한 투자자』에서 내재가치 개념을 발전시켰다. 그는 시장 가격이 내재가치보다 낮을 때 주식을 구매해야 한다고 주장했으며 이를 수익, 배당금, 성장률과 같은 지표를 사용하여 추정했다.

그레이엄의 가장 유명한 제자 중 한 명인 워런 버핏은 견고한 토대 이론을 적용하여 버크셔 해서웨이를 통해 부를 축적했다. 버핏은 강력한 펀더멘털, 예측 가능한 현금 흐름, 지속적인 경쟁 우위를 갖춘 기업을 찾고, 시장 가격이 내재가치에 비해 '안전 마진'을 제공할 때 주식을 구매한다.

1980년대 후반, 워런 버핏은 예상 미래 현금 흐름, 브랜드 강점, 시장 점유율을 바탕으로 계산한 내재가치에 비해 주가가 저평가되었을 때 코카콜라에 막대한 투자를 했다. 시간이 지남에 따라 회사가 성장하고 일관된 수익과 배당금을 지속적으로 제공함에 따라 주식의 시장 가격은 내재가치와 일치하여 버핏에게 상당한 이익을 안겨 주었다.

이런 견고한 토대 이론의 추종자들은 자산의 내재가치를 계산할 때 주가수익률(PER), 주가순자산비율(PBR), 현금 흐름 할인(DCF), 배당금 할인(DDM) 모델 등을 사용하여 자산의 기본 사항을 분석하는 데 의존한다. 벤저민 그레이엄, 워런 버핏과 같은 투자자들은 시장에서 저평가되었지만 미래 잠재력이 강한 자산에 초점을 맞춰 이 접근 방식을 사용한 것으로 유명하다. 기업의 내재가치를 중시하는 투자자들은 PER가 20 미만일 때 매수해서 20을 초과하면 매도하는 등의, 자신만의 기준을 세워 투자에 응용한다. 필자는 주식과 부동산은 현대에 들어 대표적인 투자 상품이라는 점에서 이런 모델들은 한국 아파트의 내재가치 분석에도 응용이 가능하다고 본다.

이 중 DCF(Discounted Cash Flow) 모델은 기업이 미래에 창출할 현금 흐름을 예측하고, 이를 현재 가치로 할인하여 기업의 가치를 평가하는 방법이다. 마치 미래에 받을 돈을 미리 받는 대신 약간의 할인을 받는 것과 비슷하다. DCF 모델의 장점은 기업의 내재가치를 직접적으로 평가할 수 있다는 것과 기업의 미래 성장 가능성을 반영할 수 있다는 것이다. 반면에 단점은 미래 현금 흐름 예측이 매우 어렵다는 것과 할인율 산정이 주관적일 수 있으므로 장기적인 관점에서의 분석이 필요하다는 것이다.

따라서 DCF 모델을 활용 시에는 다양한 시나리오를 설정하여 미래 현금 흐름을 최대한 정확하게 예측해야 하고, 무위험 이자율, 베타, 시장 위험 프리미엄 등 다양한 요소를 고려하여 할인율을 신중하게 산정해야 한다. 실제 투자에서는 DCF 모델만으로 투자 결정을 내리기보다는 기업의 사업 모델, 경쟁 환경, 산업 동향 등을 종합적으로 분석해야 할 필요성이 있다.

엔비디아의 경우 AI 시장의 성장과 함께 그래픽 처리 장치(GPU) 수요가 급증하면서 미래 현금 흐름이 크게 증가할 것으로 예상되고, 이러한 기대감을 반영하여 DCF 모델로 계산된 가치는 현재 주가보다 높게 나올 수 있다. 애플 역시 아이폰, 맥북 등 다양한 제품을 통해 꾸준한 현금 흐름을 창출하고 있어서 DCF 모델을 적용하면 애플의 가치를 더욱 정확하게 평가할 수 있을 것이다. 내재가치를 계산하는 데 사용되는 DCF 모델의 일반적인 공식은 다음과 같다.

$$\text{Intrinsic Value} = \frac{D_1}{(1+r)} + \frac{D_2}{(1+r)^2} + \frac{D_3}{(1+r)^3} + \cdots + \frac{D_n}{(1+r)^n} + \frac{P_n}{(1+r)^n}$$

Where:
- $D_1, D_2, \ldots, D_n$ = expected future dividends or cash flows in each year
- P_n = expected price of the asset at the end of the holding period
- r = required rate of return or discount rate
- n = number of years or holding period

- **D₁, D₂, ⋯, Dₙ:** 미래 현금 흐름(기업이 향후 일정 기간 동안 창출할 것으로 예상되는 현금 흐름)
- **Pₙ:** 보유 기간 종료 시 자산의 예상 가격
- **r:** 요구 수익률 또는 할인율(미래의 현금 흐름을 현재 가치로 할인하기 위한 비율, 일반적으로 무위험 이자율과 기업의 위험 프리미엄을 더하여 산정)
- **n:** 연수 또는 보유 기간

이 공식은 자산과 관련된 위험을 반영하는 필수 수익률을 사용하여 각 미래 배당금 또는 현금 흐름을 현재 가치로 할인한다. 주식의 경우 이 모델은 예상 배당금을 할인하는 것으로 해석되고, 채권의 경우 만기 시 액면가를 할인한다.

그런데 필자가 그동안 연구한 바에 따르면 한국의 아파트들의 내재가치를 파악하는 데는 주식 평가에서도 흔히 이용되는 배당금할인(DDM, Dividend Discount Model) 모델이 보다 효과적이었다. 특히 배당금의 지속적인 성장률(부동산의 경우 매년 상승하는 가격의 비례율)을 가정하는 Gordon 성장 모델(Gordon Growth Model)이 우리나라 아파트 가치 평가에 적용이 가능하다고 본다.

DDM은 기본적으로 주주가 받게 될 모든 배당금을 현재 가치로 할인해 그 총합을 주식의 내재가치로 본다. DDM은 특히 통신사, 전기회사 등처럼 안정적으로 배당금을 지급하는 회사에 적합하다. 다음에 소개하는, DDM의 변형 중 하나인 GGM 모델은 일정한 비율로 배당금이 성장할 것으로 예상되는 경우에 자주 사용된다.

$$\text{Intrinsic Value} = \frac{D_1}{r-g}$$

Where:

- D_1 = expected dividend next year
- r = required rate of return
- g = constant growth rate of dividends

For example, if a company is expected to pay a dividend of $2 next year, with a required rate of return of 10% and a dividend growth rate of 3%, the intrinsic value would be:

$$\text{Intrinsic Value} = \frac{2}{0.10 - 0.03} = \frac{2}{0.07} = 28.57$$

- **D₁**: 1년차(내년)에 받을 배당금
- **r**: 요구 수익률(할인율)
- **g**: 배당금의 지속적인 증가율 또는 연간 성장률

이 모델을 응용해 계산해 보면 특정 회사가 내년에 2달러의 배당금을 지급하고, 요구 수익률이 10%이며, 배당 성장률이 3%일 것으로 예상되는 경우 내재가치는 28.57달러이다. 투자자는 이 주식의 경우 배당금 지급 능력을 기준으로 주당 28.57달러의 가치가 있다고 보고 매수를 결정하면 된다.

애플처럼 주식 배당금을 지급하는 회사는 DDM 모델을 통해 평가될 수 있다. 2024년 애플의 연간 배당금이 주당 3달러라고 가정하고, 배당금이 매년 5% 성장한다고 예측해 보자. 투자자들이 요구하는 수익률이 8%라면 애플 주식의 내재가치는 아래처럼 105달러이다. 애플의 주가는 2024년 10월 말 현재 220달러 선에서 거래되고 있으므로 이런 분석 방법에 따르면 상당히 고평가로 볼 수 있다.

$$P_0 = \frac{3 \times (1 + 0.05)}{0.08 - 0.05} = \frac{3.15}{0.03} = 105$$

이런 DDM 모델도 현실에 적용하는 데는 한계가 있다. 모든 회사가 꾸준히 배당금을 지급하지 않으며 특히, 성장 단계에 있는 기업은 배당금 대신 재투자할 가능성이 크다. 배당금 성장률 역시 경제 상황, 회사의 실적 등 다양한 요인에 의해 변화할 수 있어서 예측이 어렵다. 또 이 모델이 요구하는 수익률이 조금만 변해도 계산 결과에 큰 영향을 미친다. 따라서 DDM 모델은 애플, 마이크로소프트, 존슨앤존슨처럼 배당금을 지속적으로 지급하고 성장하는 기업에는 유용한 평가 방법이 될 수 있으나 모든 회사에 적용되기는 어렵다.

성장을 위해 수익 재투자에 집중하는 엔비디아 같은 기업의 내재가치 평가는 PER나 DCF 방식이 더 적합할 것이다. 2024년 현재 엔비디아는 100배를 훨씬 넘는 PER 비율로 거래되고 있으며, 이는 특히 AI 애플리케이션에 의한 미래 성장에 대한 시장의 확신을 반영한다. AI 반도체 부문에 대한 엔비디아의 비중으로 수익 기대치가 높아지면서 가치 평가가 타 기업보다 훨씬 높아져 있다. PER 비율이 TSMC가 약 25~30배, AMD가 약 50~60배인 점에 비추어 보면 경쟁 업체인 엔비디아의 내재가치는 고평가된 상태로, 이는 DCF 모델 등을 사용해 계산해 보아도 금방 드러난다.

GGM 모델을 활용한 아파트 내재가치 계산법

지금까지 설명한 GGM 모델은 전통적으로 배당금을 기준으로 기업 가치를 평가하는 데 사용돼 왔다. 그러나 일부 부동산 전문가들은 부동산, 특히 우리나라 아파트처럼 가계 소득을 창출하는, 투자 상품으로서 역할이 큰 경우에는 부동산의 내재가치를 계산하기 위해 이 모델을 적용해 왔다. 미국에서 GGM을 부동산에 적용한 것은 임대 소득을 주식의 배당금 역할로 보면 주식처럼 부동산의 가치를 평가할 수 있다는 생각에서 비롯됐다.

부동산 평가 이론가들은 GGM을 사용하면 투자자는 현금 흐름 증가와 요구 수익에 초점을 맞춰 부동산을 주식과 유사하게 평가할 수 있다고 본다. 이런 접근 방식은 부동산에서 보편적으로 사용되지는 않지만 미래 소득 잠재력을 기반으로 부동산 가치를 평가하는 하나의 방법을 제공한다. 이런 시도의 주된 한계는 일정한 속도로 지속적인 성장을 가정한다는 점인데, 이는 변동성이 큰 부동산 시장에서는 항상 현실적이지 않을 수 있다. 부동산에 영향을 미치는 금리, 환율, 국민총생산, 경제성장률 등 거시 지수는 항상 가변적이므로 특정 국가나 이들 국가의 부동산의 지속적인 상승은 누구도 장담할 수 없을 것이다. 그러나 우리나라의 아파트처럼 안정적인 자산 가치를 기대하는 매수자에게는 여전히 유용한 평가 도구가 될 수 있다.

GGM 모델의 지지자들은 배당금을 지급하는 주식과 마찬가지로 소득이 창출되는 부동산도 예상되는 미래 현금 흐름을 기준으로 내재가치가 평가될 수 있다고 주장한다. 이들의 이론에 기반해 필자는 GGM에서 주식의 내재가치를 계산하는 공식을 부동산 시장에 적용해 보려 한다. 먼저 앞서 소개한 주식 분석에 자주 활용되는 GGM 공식을 부동산에 적용해 보면 아래와 같다.

In the GGM, the formula for calculating the intrinsic value of a stock is:

$$V = \frac{D_0 \times (1+g)}{r-g}$$

Where:
- V is the intrinsic value
- D_0 is the current dividend
- g is the expected growth rate of dividends
- r is the required rate of return (discount rate)

- **V:** 내재가치
- **D_0:** 현재 배당금
- **r:** 요구 수익률(할인율)
- **g:** 배당금의 지속적인 증가율 또는 연간 성장률

위 공식을 부동산의 맥락에서 조정해 보면 다음과 같다.

In the context of real estate, the formula is adjusted as follows:

$$V = \frac{NOI \times (1+g)}{r-g}$$

Where:
- V is the intrinsic value of the property
- NOI is the current net operating income
- g is the expected growth rate of the NOI (i.e., rent growth)
- r is the required rate of return, which could be considered the cap rate in real estate

- **V:** 부동산의 내재가치
- **NOI:** 현재 순영업소득
- **g:** NOI의 연간 예상 증가율(임대료 등 증가율)
- **r:** 주식의 요구 수익률로 부동산의 경우 자본환원율(Cap Rate)

주식에서 배당금은 부동산 투자에서는 순영업소득(NOI, Net Operating Income)이다. NOI는 주로 상업용 부동산 투자의 수익성을 파악하는 데 사용되는 중요한 지표이다. NOI는 특정 부동산의 연간 영업 수익에서 운영비를 제거한 금액을 의미한다. NOI는 임대료, 주차요금, 광고 수입 등 부동산에서 발생하는 총수입에서 부동산의 유지 및 관리, 세금, 보험료 등을 포함한 운영비를 뺀 순수익이다.

기업의 경우 영업이익은 매출에서 제품을 생산하거나 서비스를 제공하는 데 사용되는 매출원가를 차감한 금액이다. 기업의 순이익은 영업이익에서 판매비와 일반관리비(제품을 판매하거나 서비스를 제공하는 데 사용되는 비용), 영업외수익과 비용(영업 활동이 아닌 활동에서 발생하는 수익과 비용)을 차감한 금액이다. 즉, 영업이익은 기업이 제품을 판매하거나 서비스를 제공하여 얻은 수익에서 제품을 생산하거나 서비스를 제공하는 데 사용된 비용을 차감한 금액이고, 순이익은 기업이 영업 활동을 통해 얻은 수익에서 모든 비용을 차감한 금액이므로 부동산의 NOI는 기업의 순이익에 해당한다.

NOI는 부동산 투자의 가치를 평가하는 데 중요한 역할을 한다. 부동산의 구매 가격이 동일하더라도 각각의 NOI가 다르다면 부동산의 가치는 다르다. NOI가 높은 부동산이 더 많은 순수익을 창출하기 때문에 투자자에게 더 많은 가치를 제공한다. 또한, NOI가 안정적이면 부동산의 수익이 일정하게 유지되고 있음을 의미하며 이런 부동산 투자가 성공적이다.

아파트도 이제는 수익형 부동산으로 바뀌는 추세로 이제까지의 전통적인 부동산 투자 패턴인 자본 수익에서 임대 수익을 바라는 쪽으로 투자 방향이 이동 중이다. 그렇기 때문에 지금부터라도 주택에 투자하기 전에 임대 수익을 미리 가늠해 보고 투자하는 습관을 들여야 한다. 해당 아파트에 투자함으로써 투자 금액 대비 임대료를 얼마나 받을 수 있을지 알 수 있다면 투자 결정이 쉬워질 것이다.

매매가 대비 전세를 월세로 환산해 연 6~8% 이상의 수익률이 나온다면 현재와 같은 금리 수준에서 비교적 안전한 투자라고 생각해도 무방하다. 예를 들어 시세 6억 원의 아파트는 보증금 5,000만 원에 250~280만 원 정도의 월세를 받으면 성공적이다. 이런 계산이 필요할 때 '자본환원율(Cap rate, Capitalization Rate)' 개념을 활용해 아파트 투자 가치를 추정해 보는 것이 좋다.

자본환원율은 부동산을 대출이 아닌, 전액 현금 자본으로 취득한다고 가정할 때 1년 동안의 수익률 즉, 무차입 수익률이다. 이것은 부동산 투자 수익률을 나타내는 지표로 널리 사용되는데, 연간 순영업소득(NOI)을 현재 부동산 가격으로 나눈 값이다(자본환원율 = 순영업소득(NOI) ÷ 부동산 가격). 자본환원율은 주식에서 미래 추정 이익을 현재 가치로 전환하기 위해 적용하는 할인율의 개념으로 자본환원율이 높을수록 부동산 투자에서 얻을 수 있는 수익률이 높다. 예를 들어 매년 순수익이 5,000만 원 발생하는 부동산의 가격이 10억 원이면 환원율은 5%이다.

아파트 투자 시 자본환원율은 성장 가능성이 높은 지역이거나 학군지 등 인기 지역일수록 낮아지는 경향이 있다. 환원율이 높은 지역일수록 경기가 불안정할 때 임대료를 받지 못할 가능성이 크거나 부동산 가치 하락의 리스크가 클 수 있다.

그동안 한국에서는 앞으로 가격이 얼마나 오를지에 관심을 두었는데, 미국과 유럽에서는 임대료가 얼마나 안정적으로 나오느냐에 따라 건물 가치가 결정된다. 그러나 한국도 아파트 시세 차익을 노리는 투자에서 임대 수익을 높이려는 투자로 변화하고 있기 때문에 아파트의 내재가치 개념에도 관심을 가져야 할 때이다.

지금까지 설명한 GGM 모델을 실제 부동산 평가에 도입해 보자. 투자자가 연간 100,000달러(원화 약 1억 3천만 원)의 NOI를 생성하는 건물을 평가하고 있다고 가정한다. 투자자는 NOI의 연간 예상 증가율(g)을 현재 한국의 금리 수준에 비추어 볼 때 매년 3% 정도로 예상하고, 8%의 자본환원율(r)을 기대한다. 이 숫자를 공식에 대입하면 다음과 같다.

Plugging these numbers into the formula:

$$V = \frac{100,000 \times (1 + 0.03)}{0.08 - 0.03}$$

$$V = \frac{100,000 \times 1.03}{0.05}$$

$$V = \frac{103,000}{0.05} = 2,060,000$$

In this example, the intrinsic value of the property is $2,060,000 based on its current NOI, expected growth in rent, and the investor's required rate of return.

위 계산에서 이 건물의 내재가치는 현재 NOI, 예상 NOI(임대료 등) 증가율, 투자자의 기대 수익률을 기준으로 2,060,000달러(원화 약 27억 원)이다. 2024년 8월 현재 국평을 기준해 27억 선에서 거래되는 강남권 아파트는 반포 미도, 잠실 주공5단지 등이다. 이 아파트의 월세가 보증금 1억 원에 150만 원 정도인 것을 감안하면 한국의 아파트는 상업용 부동산에 비해 많이 고평가돼 있음을 알 수 있다.

같은 원리로 GGM 모델을 활용해 압구정 신현대아파트 국평의 내재가치를 계산해 보자. 이 아파트 국평은 2024년 10월 현재 50억 원에 매매 중인데, 전월세 가격은 보증금 1억에 월세 330만 원이다. 보증금 1억을 현재 한국의 전월세 전환 이율에 맞추어 매년 4% 정도로 계산하면 전체를 월세로 할 경우 이 아파트의 NOI가 약 4,000만 원이다. 투자자는 NOI의 연간 예상 증가율(g)을 현재 한국의 전월세 전환 이율에 맞추어 매년 4% 정도로 하고, 8%의 기대 수익(자본환원율, r)을 기대한다. 이 숫자를 GGM 공식에 대입하면 압구정 신현대아파트 국평의 내재가치는 약 14억 원에 불과하다. 이 아파트는 현재 50억 원대이므로 자신의 내재가치의 3.5배가 넘는 가격에서 거래되고 있는 셈이다.

내재가치의 3.5배를 넘는 압구정 신현대 국평 가격은 버블 가격일까? 버핏 같은 견고한 토대 이론가들에 따르면 이 아파트는 내재가치로 수렴하므로 현재는 매수가 아니라 매도 관점에서 대응해야 한다. 그러나 앞서 설명했듯이 2024년 현재 100배를 넘는 P/E 비율로 거래되고 있는 엔비디아를 보면 압구정 신현대 가격은 지금보다 훨씬 더 상승할 수도 있다.

또 위 계산에서는 변수의 변화에 따라 다양한 내재가치의 산출이 가능해진다. NOI의 연간 예상 증가율(g), 자본환원율(r) 변수를 조금만 바꾸어도 가격에서 큰 차이가 난다. 결국 GGM 모델을 활용해 부동산의 내재가치를 계산하는 방식은 상업용 부동산처럼 가격 변화가 미미한 투자 상품의 경우 어느 정도 예측이 가능하지만, 가격 변화가 크고 개인의 심리가 많이 좌우하는 우리나라 아파트의 경우 적합하지 않을 수 있다. 예를 들어 해당 부동산이 강남, 용산 등 부유층 선호 지역에 있는 경우 예상 NOI 성장률이 더 높을 수 있으며, 반대로 부동산이 오래된 구축과 빌라 등이 밀집된 비인기 지역에 있다면 NOI 성장률은 더 낮아질 수 있다.

우리나라 부동산의 특징 중 하나는 가계의 평균 자산에서 차지하는 비중이 다른 나라에 비해 월등히 높다는 점이다. 2021년 기준으로 한국 가계의 평균 자산 중에서 부동산과 같은 실물 자산이 차지하는 비율은 약 75%로, 미국 약 35%, 일본 약 44%에 비해 매우 높은 편이다. 가계 자산의 75%가 부동산에 쏠려 있는 현상은 그만큼 한국인이 부동산에 관심이 높고, 예민하다는 점을 시사한다.

특히 우리나라 아파트를 구매하는 매수자는 이른바, '입지'라는 변수를 중시한다. 아파트 가격에 영향을 미치는 입지에는 단지 변수(아파트 브랜드, 세대 수, 내부 구조, 커뮤니티, 평형 분포 등), **지역 변수**(역세권 등 교통 여건, 학군지, 한강변 등 조망권, 대형 백화점 등 상권, 숲세권 등 자연 환경, 신규 전철 등 개발 계획, 인구 유입, 아파트 공급량, 범죄율 등 주거 환경, 부유층 밀집지 등 사회적 인식 등), **국가 변수**(금리 변동, M2 등 통화량, 경기 변동, 대출 규제 등 금융 정책, 분양가상한제 등 분양 정책, 양도세 중과 등 조세 정책, 주택소비심리지수 등 부동산 심리 등) 등 수많은 변수가 존재한다.

이들 중에서 어떤 변수를 중시하는가는 지극히 개인적인 문제이다. 직주근접, 학세권, 역세권, 한강권, 숲세권, 병세권 등 아파트 관련 조어들은 모두 이런 입지를 중시하는 개인들의 심리가 만들어 낸다. 직장 출퇴근 시간 때문에 직장 주변으로 옮기는 경우, 아이 교육을 위해서 대치·목동·중계동 등 학원가 밀집 지역으로 옮기는 경우, 병 치료를 위해 지방에서 서울로 이사오는 경우 등등 아파트에 대한 선호도는 개인의 삶의 조건에 따라 확연히 다르고, 지극히 개인적인 심리가 영향을 준다고 봐도 될 것이다.

투자 이론에서 이런 개인의 심리를 중시하는 이론이 공중누락 이론, 효율적 시장 가설(Efficient Market Hypothesis, EMH) 등이다. 이 때문에 필자는 우리나라 아파트의 가격 예측에는 지금까지 설명한 기본적 토대 이론보다는 효율적 시장 가설이 더 적합하다고 본다. 이 이론에 따르면 현재 아파트 가격은 위에서 언급한 수많은 입지 변수들이 모두 영향을 주어 결정된 최종 결과이다. 이렇게 보면 시중에서 각각 입지의 우월성, 입지의 미래 등을 놓고 벌이는 논쟁은 모두 개인의 인식의 범위 내에서 이루어지는 확증편향적 논쟁일 뿐이다. 이른바, 압반(압구정+반포), 대도개(대치+도곡+개포), 압반잠청대, 방개잠 등 입지를 둘러싼 조어는 실제 아파트의 우수성이나 가격과 무관하게 각 개인들이 자의적으로 만들어 내는 용어들일 뿐이다.

이렇게 보면 향후 8년 후 준공될 재건축 아파트들의 미래 시세를 예측할 때 이렇듯 각 개인의 확증편향적 심리에 기반한 질적 분석보다는 현재 아파트들의 가격을 비교해서 상대적인 가격의 비례율로 향후 아파트 가격을 예측하는, 양적 분석이 더 실젯값에 근접할 것으로 보인다. 이런 판단에 따라 이어 효율적 시장 가설 이론을 자세히 살펴보고, 이 이론을 향후 한국의 아파트 가격 예측에 적용해 볼 것이다.

효율적 시장 가설(EMH)에 따른 아파트 투자

효율적 시장 가설(EMH)은 금융 시장이 이용 가능한 모든 정보를 처리하고 반영하는 데 매우 효율적이라고 주장하는 금융 이론이다. EMH은 미국에서 금융 시장뿐 아니라 부동산 시장에도 자주 적용되는 이론이므로 우리나라 아파트 시장 분석에 활용이 가능할 것이다.

이 가설에 따르면 부동산 가격은 이미 모든 공개된 정보를 반영하고 있기 때문에 개별 투자자가 추가 정보를 얻어 시장을 이길 수 없다. 즉, 부동산 시장은 매우 효율적이어서 누구나 동일한 정보에 접근하고 있으므로 초과 수익을 얻기 어렵다. 다른 말로 표현해 "현재 한국 아파트의 가격은 입지(교통 여건, 학군, 강 조망권, 대형 백화점 등 상권)의 우수성이 이미 모두 가격에 반영돼 있는 결과물이다."라는 주장도 가능해진다. 이렇게 보면 각 개인이 입지의 우수성을 내세워 추후 자신의 아파트 가격이 상승할 여지가 더 높다고 주장하는 것은 개인의 확증편향적 판단일 뿐이다. EMH을 부동산 시장에 적용하기에 앞서 먼저 주식 시장에서 활용된 역사를 살펴보기로 한다.

EMH는 1960년대에 시카고 대학의 경제학자였던 유진 파마(Eugene Fama)에 의해 처음 개발되었는데, 그는 주식은 항상 공정 가치로 거래되기 때문에 특정인이 주식 시장에서 종목 선택이나 시기를 활용해 지속적으로 시장을 이기는 것은 불가능하다고 보았다. 파마의 EMH 이론은 현대 금융 이론의 초석이 돼 인덱스펀드 투자 등 새로운 투자 전략에 큰 영향을 미쳤다.

파마가 제기한 EMH 이론의 핵심은 두 가지인데, 하나는 시장의 효율성이다. EMH는 특정 시점에 주가가 재무 데이터, 경제 상황, 미래 성장 전망 등 회사의 펀더멘털에 대해 이용 가능한 모든 정보를 반영한다고 주장한다. 이러한 효율성은 새로운 정보를 신속하고 합리적으로 해석하는 모든 시장 참여자의 집단적 행동에 기반한다. 이런 효율적 관점으로 보면 우리나라 아파트 시장에서 모든 시장 참여자들이 입지에 대한 정보를 공유하고, 공통의 판단에 따라 자신이 선호하는 아파트를 구매하므로 각 개인의 입지에 대한 주관성은 가격에 영향을 주지 않는다.

다른 하나는 랜덤워크 이론으로 EMH는 주가가 무작위 경로를 따르기 때문에 예측할 수 없다고 믿는다. 이 이론에 따르면 모든 정보는 이미 현재 주가에 반영되어 있고, 미래의 가격 움직임은 아직 대중에게 알려지지 않은 미래 정보에 의해 결정되므로 주가는 본질적으로 예측할 수 없다.

이 랜덤워크 모델은 프랑스의 주식 중개인이었던 줄스 르뇨(Jules A. Regnault)가 1863년에 처음 제기한 것으로 알려져 있다. 이후 1900년 프랑스의 수학자, 루이 바슐리에(Louis Bachelier, 1870~1946)가 박사학위 논문 『투기 이론(The Theory of Speculation)』에서 르뇨의 모델을 활용하여 주가 움직임을 확률 과정(stochastic process)으로 규정한 바 있다. 이후 MIT 교수였던 폴 쿠트너(Paul Cootner)의 저서 『주가의 무작위적 특성(A Random Character of Stock Market Prices)』(1964)와 유진 파마의 논문 「주가의 랜덤워크(Random Walks In Stock Market Prices)」(1965) 등에 의해 용어가 정립돼 왔다.

랜덤워크는 우리말의 무작위 행보(無作爲行步)에 해당하는 개념으로 자연 과학 분야에서는 임의의 방향으로 향하는 연속적인 걸음을 나타내는 수학적 개념으로 생태학, 컴퓨터 과학, 물리학, 화학 등의 분야에서 광범위하게 사용되고 있다. 수학에서 랜덤워크는 숫자의 연속에서 다음 수가 이전 수와 별개라서 이전 수로 다음 수를 예측할 수 없다는 개념으로 사용된다. 자기가 어디로 걷는지도 모르는 만취한 취객이 비틀비틀 걷는 모습을 상상해 보자. 한 방향으로 끝없이 가기도 하고, 제자리에서 맴돌기도 하는, 이런 예측하기 힘든 모습을 수학적 모델로 설명한 것이 랜덤워크라 할 수 있다.

EMH 지지자들은 대표적으로 불확실한 투자 시장인 주식을 예로 들어 랜덤워크 개념으로 보면 주식 가격의 단기적 변화를 예측할 수 없다고 주장한다. 그들은 주가는 마치 동전 던지기처럼 무작위로 움직이기 때문에 추세나 반전 신호를 찾으려는 노력은 모두 허사이며 차트에 드러나는 주가의 추세도 우연한 흐름으로 만들어질 수 있다고 말한다. 그렇게 보면 투자 전문 서비스나 수익 예측 혹은 도표 분석이 모두 쓸모없는 셈이다. 그들의 말대로 모든 시장 참여자의 기대치와 새로운 정보가 온전히 주가에 반영된다면 주가는 만취한 사람의 걸음걸이처럼 무작위가 되어야 한다. 따라서 주가에 관련된 정보 차원에서만 보면 효율적 시장에서 주가의 변화는 예측할 수 없다고 할 수 있다. 그러나 주가가 랜덤워크를 보인다고 해서 주식 시장이 변덕스럽다거나 투자할 가치가 없다는 의미는 아니다. 랜덤(무작위)은 비합리적이라기보다는 잘 작동하는 효율적 시장을 의미하기 때문이다.

이런 EMH 이론을 처음으로 제기하면서 파마는 세 가지 형태의 시장 효율성을 제안했다.

(1) 약한 형태

이 형태의 가설은 현재 주가가 과거 가격, 거래량과 같은 모든 과거 정보를 완전히 반영한다고 주장한다. 약한 형태의 효율성에서는 모든 과거 가격 정보가 이미 현재 가격에 통합되어 있기 때문에 흔히 주가 분석에서 이른바, 차티스트들이 행하는 기술적 분석은 비효율적인 것으로 간주된다.

(2) 반 강한 형태

이 형태에서 주가는 모든 과거 거래 정보뿐만 아니라 수익 보고서, 뉴스 기사, 경제 데이터 등 공개적으로 이용 가능한 모든 정보를 반영한다. 이 형태에서는 모든 정보가 주가가 재빨리 반영되기 때문에 내재 가치를 결정하기 위해 회사의 재무제표를 분석하는 기본적 분석도 비효율적이다.

(3) 강한 형태

이는 주가가 공개된 정보뿐만 아니라 내부자 거래 등 비공개된 정보까지 모두 반영한다는 가장 엄격한 형태의 가설이다. 강한 형태의 효율적 시장에서는 시장 가격이 모든 관련 정보를 완전히 반영하여 어떤 수단을 통해서도 초과 수익을 얻을 수 없다.

노벨경제학상을 수상한 경제학자인 폴 새뮤얼슨(Paul Samuelson)은 효율적 시장 가설을 주류로 끌어들이는 데 핵심적인 역할을 했다. 현대 경제학의 아버지로도 불리는 새뮤얼슨은 효율적인 시장에서 가격이 무작위 행보와 일치하는 방식으로 행동한다는 것을 수학적으로 입증함으로써 파마의 작업에 이론적 토대를 제공했다.

앞의 두 사람이 EMH의 초석을 닦았다면 이 이론을 대중화한 학자는 버턴 말킬(Burton Malkiel)이다. 경제학자이자 프린스턴 대학교의 교수였던 말킬은 일반 대중에게 알려진 『A Random Walk Down Wall Street』(1973)라는 책으로 유명하다. 말킬은 그의 책에서 주가는 예측할 수 없으며 기술적 분석과 기본적 분석 모두 지속적으로 시장을 이길 가능성이 없다고 주장했다. 말킬의 책은 시장이 효율적으로 움직이기 때문에 이런 시장을 능가하려는 노력은 대체로 무익하다는 생각을 대중화했다. 그의 저서는 학계와 청중들에게 고루 반향을 불러일으켰으며 일반인 투자자들이 투자 전략을 적극적 관리에서 수동적 장기 투자로 전환하는 데 도움을 주었다.

필자 역시 주식 시장을 공부할 때 기업의 가치 평가만 정교하게 할 수 있다면 주식으로 돈을 벌 수 있다는 생각으로 장기적인 가치 투자에 집착했다. 하지만 이 책을 읽고 나서부터는 예전에 관심이 없었던 인덱스 투자 방식이 얼마나 가치가 있는지 알게 됐다. 또한 필자의 투자 공부가 매우 제한적이었음을 깨달아 다양한 투자 방식에 관심을 갖기 시작했다.

말킬은 개별 종목이 아니라 S&P500처럼 지수에 투자하는 인덱스펀드를 만들어 시장에 선보인 주역이었는데, 투자자는 개별 주식을 선택하거나 시장 타이밍을 맞추기보다는 위험을 최소화하기 위해 광범위한 포트폴리오를 보유해야 한다고 제안했다. 그는 저비용 인덱스펀드를 통한 패시브 투자를 주창했는데, 이는 이후 많은 개인 및 기관 투자자들의 주류 전략이 됐다.

말킬은 투자 연구의 하나로 그의 학생들에게 처음에 50달러 가치가 있는 가상의 주식을 주는 테스트를 수행했다. 매일의 종가는 동전 던지기로 결정됐다. 결과가 앞면이면 가격이 0.5포인트 높게 마감되지만 결과가 뒷면이면 0.5포인트 낮게 마감된다. 따라서 매번 가격은 전날보다 높거나 낮은 50번의 기회가 주어졌고, 그 결과로 주가의 흐름이 결정됐다. 그런 다음 말킬은 차트 및 그래프 형식의 결과를 차티스트에게 가져갔는데, 그는 차트의 추세로 보아서는 즉시 주식을 사야 한다고 말했다. 학생들의 동전 던지기는 무작위였기 때문에 가상 주식에는 전반적인 추세가 없다고 할 것이다. 이 실험은 시장과 주식이 동전을 던지는 것처럼 무작위적일 수 있음을 보여 준다.

말킬의 이론이 발표된 뒤, 1998년에도 이 이론을 검증하는 실험이 여러 곳에서 진행됐다. 주식 투자 전문가와 원숭이의 투자 대결이 벌어졌는데, 전문가는 투자할 종목을 골랐고, 원숭이는 박스 안에 들어 있는 종목 카드를 아무렇게나 뽑았다. 랜덤워크 이론을 주장했던 말킬의 짐작과는 달리 승리는 투자 전문가에게 돌아갔는데, 2000년에 열린 2차 대결은 원숭이의 압도적인 승리로 끝났다. 이후 비슷한 실험이 여러 차례 이어졌는데 대부분의 실험에서 원숭이가 이겼고, 우리나라에서 열린 2002년의 침팬지 대 전문가의 투자 대결에서도 침팬지가 승리했다.

말킬은 역사는 되풀이된다며 차트 분석을 통해 시장을 이길 수 있다고 주장하는 기술적 이론과 버핏 등 내재가치 신봉자들이 추종하는 기본적 이론을 모두 비판한다. 그가 특히 비판하는 것은 과거를 통해 미래를 예측하려는 기술적 이론 지지자들이다. 랜덤워크 투자 이론은 장기적으로 주식 가격은 오르지만 단기적으로는 아무도 예측할 수 없다고 주장한다.

말킬은 논리와 심리가 5:5로 영향을 주는 곳이 투자의 세계라고 본다. 그는 증권분석가들이 미래 예측에 어려움을 겪는 이유로 예측이 어려운 사건들, 기업의 이익 부풀리기와 회계 부정, 분석가의 실수 등을 들고, 이런 이유들 때문에 어떤 기법이나 정보도 절대적으로 신뢰해서는 안 된다고 권한다. 말킬의 이런 연구는 제시 리버모어와 같은 전설적인 트레이더들에게 큰 영향을 미쳤으며 많은 투자자들이 그를 신봉하기도 했다.

말킬의 조사에 따르면 한국에서 '돈나무 언니'로 잘 알려진 캐서린 우드의 ARK 이노베이션 펀드는 파괴적인 혁신에 뛰어든 테슬라 같은 기업에 집중하는 전략을 바탕으로 2020년까지 가치가 두 배로 증가했다. 그러나 그 놀라운 성과는 곧바로 무너지고 말았다. 2021년에 S&P500지수가 플러스 27%를 기록한 반면, ARK 이노베이션 펀드는 마이너스 23.5%를 기록했다. 블룸버그에서는 이미 2022년 3월에 ARK 이노베이션 펀드가 50% 이상 하락한 것으로 추산했다. 또 스탠더드앤푸어스는 적극적으로 운용되는 펀드를 다양한 주식 시장 지수와 비교하는 보고서를 매년 발표하는데, 지난 20년을 기준으로 했을 때 액티브펀드 중 약 90%가 비교 지수에 뒤처졌다.

여기서 핵심은 시장을 이기기가 대단히 힘들다는 사실이다. 말킬은 시장을 이기는 펀드를 발견하는 것은 건초더미에서 바늘 찾기만큼 힘들다고 말한다. 그보다 가능성이 좀 더 높은 전략은 건초더미를 몽땅 사들이는 것일 것이다. 그에 따르면 잘 분산된 주식 지수에 포함된 모든 종목을 매수해서 보유하는 펀드인 인덱스펀드에 투자하는 것이 최선의 투자이다.

지금까지 설명한 효율적 시장 가설의 진정한 의미는 아무도 주가가 너무 높은지 혹은 낮은지를 확신할 수 없다는 점이다. 이것은 주가가 목적 없이 아무렇게나 움직이며 기본적 정보 변화에 둔감하다는 뜻이 아니다. 주가가 랜덤으로 움직이는 이유는 그 반대이다. 그것은 시장이 너무 효율적이어서 즉, 정보가 나오자마자 주가가 즉각 반응하기 때문에 어떤 개인 투자자도 이익을 볼 수 있을 만큼 빨리 매수하거나 매도할 수 없다는 뜻이다. 그러므로 과거의 기술적 정보 혹은 기본적 정보를 분석함으로써 미래를 예측할 수 없다.

버핏이 추종하는 기본적 분석(견고한 토대 이론)의 대부라 불리는, 전설적인 벤저민 그레이엄조차 기본적 분석으로는 더 이상 예외적인 투자 수익률을 기록할 수 없을 것이라고 결론 내렸다. 세상을 뜨기 직전인 1976년에 그레이엄은 「파이낸셜 애널리스트 저널」과의 인터뷰를 통해 "정교한 증권분석 기술을 통해 놀라운 기회를 발견할 수 있을 것이라고 더 이상 기대하지 않습니다. (중략) 저는 지금 '효율적 시장 가설' 학파의 편에 서 있습니다."라고 밝혔다. 또한 은퇴한 피터 린치는 물론이고 워런 버핏마저도 액티브펀드보다 인덱스펀드에 투자함으로써 더 높은 수익을 올릴 수 있다고 말한다. 특히 버핏은 유언장에 자신의 재산 중 현금은 몽땅 인덱스펀드에 투자하라는 문구를 추가했다.

이런 EMH 이론도 물론 결함이 있고, 이에 대한 비판도 많다. EMH

는 투자자가 항상 합리적인 것은 아니며 시장이 심리적 편견의 영향을 받을 수 있다고 주장하는 행동금융학 지지자들로부터 비판을 받아 왔다. 행동금융학자들의 연구 결과에 따르면 투자자들이 항상 합리적인 의사 결정을 내리는 것은 아니며, 심리적 요인에 의해 의사 결정이 왜곡될 수 있음이 밝혀졌다. 이는 주식이나 부동산 시장의 비효율성을 설명할 때 하나의 연구 방법론이 될 수 있을 것이다.

닷컴버블 및 2008년 미국 금융 위기와 같은 사건이 발생할 때에도 시장 가격이 기본 가치와 크게 동떨어진 상황이 드러났고, 이로 인해 일부 사람들은 EMH의 타당성에 의문을 제기했다. 이런 비판에도 불구하고 효율적 시장 가설은 여전히 금융의 기본 개념으로 남아 있으며 인덱스펀드와 같은 투자 전략에 영향을 미치고 있다.

EMH 이론은 주로 주식 시장에서 연구가 진행돼 왔으나 이 논리를 부동산 시장에 적용하기 위한 시도도 많았다. 이 이론의 창시자인 파마는 부동산 시장 역시 효율적 시장의 특징을 보인다고 주장했다. 그는 부동산 가격이 경제 지표, 인구 통계, 정책 변화 등 다양한 정보에 빠르게 반응하며, 따라서 개별 투자자가 이러한 정보를 바탕으로 시장을 예측하고 초과 수익을 얻기는 어렵다고 보았다. 존 윌리엄슨(John Williamson)은 부동산 시장의 효율성을 분석하는 데 있어 다양한 통계적 모델을 활용했다. 그는 개별적인 부동산의 가격 변동은 예측이 불가능하기 때문에 과거의 가격 변동 패턴을 바탕으로 미래 가격을 정확하게 예측하기는 어렵다고 보았다.

슐라이퍼(Shleifer)와 비시니(Vishny)는 EMH의 강력한 지지자는 아니지만 부동산 시장에서도 일정 부분 효율성이 존재한다는 점을 인정했다. 다만, 부동산 시장은 주식 시장에 비해 정보 비대칭성이 심하고 거래 비용이 높기 때문에 완전한 효율성을 달성하기는 어렵다고 보았다. 두 사람에 따르면 부동산 시장에서는 매도자가 매수자보다 더 많은 정보를 가지고 있는 경우가 많은데, 이러한 정보 비대칭성은 시장의 효율성을 저해할 수 있다. 또 부동산 거래는 주식 거래에 비해 거래 비용이 높은데, 비용 부담은 투자자들의 의사 결정에 영향을 미치고 시장의 효율성을 떨어뜨릴 수 있다. 슐라이퍼와 비시니는 미국의 부동산 시장은 주식 시장에 비해 유동성이 낮아서 가격 형성 과정에 영향을 미치고 시장의 효율성을 저해할 수 있다고 하는데, 한국의 경우 개인 자산의 70% 이상이 부동산에 치우쳐 있는 점에서 보면 미국과 상황이 다르다고 할 수 있다.

필자는 시장이 모든 정보를 완벽하게 반영한다고 주장하는 EMH의 시각에 동의한다. 앞서 설명했듯이 필자는 현재 한국 아파트의 가격은 입지(교통 여건, 학군, 강 조망권, 대형 백화점 등 상권)의 우수성이 이미 모두 가격에 반영돼 있는 결과물로 보는 입장이다. 이런 관점에서 보면 각 개인이 자신에게 익숙한 지역의 입지의 우수성을 내세워 추후 해당 지역의 아파트 가격이 상승할 여지가 높다고 주장하는 것은 개인의 확증편향적 판단일 뿐이다.

효율적 시장 가설(EMH)로 보면 동일한 입지 변수를 가지고 있는 지역의 아파트들은 이미 그 변수의 우수성이 입지에 반영돼 있다. 이 경우 동일한 입지 지역의 아파트들은 20년 이상의 장기간에 걸쳐 비슷한 비례율로 상승한다는 가설이 가능해진다. 이 가설을 입증하기 위해서는 이른바, 강남권, 이촌한남권, 학세권, 한강권, 직주근접권 등 동일한 입지 조건을 가진 지역을 묶어서 장기간에 걸친 가격의 비례율을 확인해 보면 될 것이다.

　필자의 이번 책은 이런 동일한 입지 지역의 아파트 비례율을 확인하는 과정이다. 같은 입지 지역에서 재건축 후 상승하는 가격의 상승률을 확인해 보면 아직 재건축이 진행 중인 단지의 재건축 후 가격을 예측해 볼 수 있을 것이다. 필자가 뒤에서 예측하는 각 개별 단지의 재건축 후 가격은 이런 가설에 따라 도출된 것이다. 필자는 이런 연구를 효율적 시장 가설의 방법론을 응용해 '아파트 비례율 가설(Apartment Proportionality Hypothesis)'로 부르려 한다. 이 가설의 주요 전제 조건은 아래와 같다.

① 모든 한국의 아파트의 가격에는 입지 변수가 영향을 준다.
② 동일한 입지 변수를 가진 아파트의 가격 상승률에는 일정한 비례율이 존재한다.
③ 동일한 입지 변수를 가진 아파트들은 재건축 후 0~60% 사이에서 동일한 재건축 가격 상승 효과(프리미엄)를 보인다.
④ 따라서 동일한 입지 변수를 가진 아파트의 재건축 후 가격을 보면, 재건축 전 아파트의 재건축 후 가격 예측이 가능하다.

인공지능으로 아파트 가격 알아보기

이 책에서는 네이버 CLOVA X, Google Gemini, Microsoft Copilot, ChatGPT 등 인공지능(생성형 AI)에 질문하는 형식으로 한국 아파트 가격을 예측하는 방법을 썼다. 이들에게 구체적인 계산식을 묻고, 4개 인공지능이 답변한 수치의 평균을 구하는 방식으로 개별 아파트의 재건축 후 가격을 산출했다. 예를 들어 인공지능들에게 아래와 같은 질문을 던지면 아래처럼 각각의 계산식이 다른 결과가 도출된다.

[질문]

> 한국의 아파트 가격은 1인당 GNI의 상승률에 비례한다고 전제한다. 2016년부터 2024년까지 8년 동안 한국의 1인당 GNI는 7천 달러 증가했는데, 2025년부터 2032년까지 8년 동안 한국의 1인당 GNI는 7천 달러 증가한다고 가정한다.
> 한국의 아파트 가격은 1단계(최초에 건축된 뒤 20년 이상이 지난 구축 단계), 2단계(재건축을 위해 기존의 건물을 허무는 착공 단계), 3단계(재건축이 완료돼 앞의 2단계 가격에 60%의 프리미엄이 추가된 단계)의 공식이 적용된다.
> 예를 들어 3단계까지 완료된 한국의 래미안원베일리 아파트는 1단계(2016년 8월)의 14억 원에서 2단계(2020년 8월)에는 약 31억 원까지

상승했고, 3단계(2024년 8월)에서는 60% 프리미엄이 추가돼 약 50억 원까지 상승했다. 위의 공식을 적용해 아래 아파트들의 2단계, 3단계 가격을 구하려고 한다.

1단계의 8년(2016년 8월부터 2024년 8월까지) 동안에 압구정 신현대아파트는 17억 원에서 46억 원으로 상승했고, 1단계의 8년(2016년 8월부터 2024년 8월까지) 동안에 신반포2차 아파트는 15억 원에서 39억 원으로 상승했고, 1단계의 8년(2016년 8월부터 2024년 8월까지) 동안에 잠실 주공5단지 아파트는 13억 원에서 27억 원으로 상승했다.

압구정 신현대, 신반포2차, 잠실 주공5단지 아파트의 가격은 1단계(2016년 8월부터 2024년 8월까지)의 연간 상승률과 동일한 비례율로 2단계(2024년 9월부터 2028년 9월)까지 상승한다고 가정한다. 계산한 수식을 포함해 아래 질문에 답변해.

질문 ①

먼저 압구정 신현대, 신반포2차, 잠실 주공5단지 아파트의 1단계 상승률(2016년 8월부터 2024년 8월까지의 8년간 상승률)을 구한 다음에, 이 기간 동안 상승률을 8년으로 나누어서 1년간 상승률을 구해.

질문 ②

위 질문 ①에서 구한 1년간 상승률의 4배가 2단계의 4년간 상승률이다. 1단계 가격에 2단계 4년간의 상승률을 곱해서 압구정 신현대, 신반포2차, 잠실 주공5단지 아파트의 2단계(2024년 9월부터 2028년 9월) 가격을 알려 줘.

질문 ③

위 질문 ②의 가격에 30% 프리미엄을 추가한, 압구정 신현대, 신반포2차, 잠실 주공5단지 아파트의 3단계(2032년 9월) 가격을 알려 줘.

질문 ④

위 질문 ②의 가격에 60% 프리미엄을 추가한, 압구정 신현대, 신반포2차, 잠실 주공5단지 아파트의 3단계(2032년 9월) 가격을 알려 줘.

[답변]

아래는 인공지능들이 답변한 압구정 신현대, 신반포2차, 잠실 주공5단지 아파트의 2032년 평균값(재건축 프리미엄 30% 기준)을 계산한 표인데, 자세한 답변은 3장을 참고 바란다.

가격/인공지능	CLOVA X	Google Gemini	Microsoft Copilot	2032년 평균값 (재건축 준공 시, 재건축 프리미엄 30%)
압구정 신현대	96억	118억	110억	108억
신반포2차	80억	101억	91억	90억
잠실 주공5단지	50억	55억	53억	52억

* 단위는 억 원.

아주 단순한 산술적 계산식인데, 왜 인공지능들의 답변이 모두 다를까? 그리고 인공지능들은 우리 개인들보다 훨씬 대규모의 부동산 정보를 가지고 있는데, 구체적인 산술 지침을 제시한 이유는 무엇인가, 다시 말해 인공지능이 스스로 위 아파트들에 대한 가격을 도출하도록 했으면 다른 결과가 나왔을까? 이것에 대해서는 흔히 알려진 대로 인공지능 사용에서 프롬프트(Prompt)의 역할을 이해해야 한다.

프롬프트는 AI에게 제공되는 질문, 명령, 또는 입력 데이터를 의미한다. 이런 프롬프트는 생성형 AI 모델의 핵심 입력값으로 모델의 출력 결과를 도출하는 데 결정적인 역할을 한다. 프롬프트의 미세한 변화가 모델의 응답에 큰 영향을 미치는 이유는 모델의 학습 방식이 다르기 때문이다. 생성형 AI 모델은 방대한 양의 데이터를 학습해 주어진 프롬프트에 가장 적합한 단어를 예측하는 방식으로 텍스트를 생성한다. 따라서 프롬프트의 표현 방식, 키워드, 문맥 등이 모델의 예측 과정에 직접적인 영향을 미친다.

또 하나는 모델의 해석 능력의 한계와 차이이다. 현재의 생성형 AI 모델은 인간처럼 자연어를 완벽하게 이해하지 못한다. 생성형 AI는 주어진 정보를 바탕으로 추론하고 생성하는 능력을 갖추고 있지만 복잡한 문제 해결에는 한계가 있다. 특히, 정확한 계산이나 논리적인 추론이 필요한 경우에는 구체적인 지시가 없으면 부정확하거나 비논리적인 결과를 생성할 수 있다.

그렇기 때문에 구체적인 계산식이나 논리적 구조를 프롬프트에 포함시키면 모델은 더욱 정확하고 신뢰할 수 있는 결과를 생성할 수 있다. 수학 문제를 풀 때 단순히 '이 문제를 풀어 줘'라고 요청하는 것보다 '다음과 같은 식을 이용하여 문제를 풀고, 각 단계별 계산 과정을 상세히 설명해 줘'라고 구체적으로 지시하는 것이 효과적이다. AI가 스스로 계산하도록 하면 답변이 부실할 수 있으므로 구체적인 계산식까지 제공하는 프롬프트가 결괏값에 훨씬 유사할 수 있다. AI가 스스로 추론하도록 하면 계산 과정에서 오류가 발생하거나 계산 결과가 부정확할 수도 있으므로 구체적인 계산식을 제공하는 것이 중요하다. 결국, 인공지능의 답변의 정확도는 프롬프트의 정확성에 달려 있다고 할 수 있을 것이다.

이 때문에 이 책에서도 각 개별 아파트의 구체적인 가격을 제시하고, 인공지능은 단순히 산술식을 도출하도록 유도했다. 이 경우에도 인공지능의 결괏값이 모두 다르기 때문에 이들의 평균가를 해당 아파트의 미래 가격으로 제시하는 방법을 썼다.

필자가 사용하는 4개의 AI 모델(네이버 CLOVA X, Google Gemini, Microsoft Copilot, ChatGPT)이 동일한 부동산 가격 예측 질문에 대해 서로 다른 답변을 내놓는 현상은 AI 모델의 복잡성과 한계를 보여 주는 대표적인 사례이다. 이는 AI 모델의 학습 데이터, 알고리즘, 그리고 예측 모델의 구조적인 차이에서 기인한다. 본 글에서는 이러한 차이가 발생하는 이유를 심층적으로 분석하고, 각 모델의 특징을 고려하여 부동산 가격 예측에 더 적합한 모델을 제시하고자 한다.

각 인공지능이 동일한 질문에 대해 상이한 답변을 하는 이유는 학습 데이터의 차이도 영향을 미친다. 각 모델은 방대한 양의 부동산 데이터를 학습하지만, 데이터의 종류, 수집 기간, 지역적 편차 등에서 차이가 존재한다. 특정 모델은 실거래 데이터에 집중하는 반면, 다른 모델은 경제 지표, 인구 통계 등 다양한 변수를 함께 고려할 수 있다.

마지막으로 예측 모델의 구조적 차이를 들 수 있다. 각 모델은 부동산 가격에 영향을 미치는 변수를 다르게 선정하고, 변수 간의 상관관계를 분석하는 방식에도 차이가 난다. 모델의 복잡도가 높을수록 학습 데이터에 대한 과적합(overfitting)의 위험이 증가하며, 모델의 구조와 학습 데이터에 따라 단기 예측과 장기 예측 결괏값이 다르다. 이것을 필자가 사용하는 인공지능을 중심으로 살펴보면 아래와 같다.

- **학습 데이터의 차이:** 각 인공지능은 서로 다른 학습 데이터를 기반으로 학습되므로 학습 데이터에 따라 아파트 가격의 예측이 다를 수 있다. 네이버 CLOVA X는 네이버의 한국어 데이터를, Google Gemini는 구글의 글로벌 데이터를, Microsoft Copilot은 마이크로소프트의 다양한 데이터를, ChatGPT는 OpenAI의 데이터를 사용한다. 따라서 각 모델이 학습한 데이터의 특성과 양에 따라 동일한 질문에 대한 답변이 다를 수 있다.
- **모델의 차이:** 각 인공지능은 서로 다른 모델을 사용하므로 모델의 구조와 알고리즘에 따라 예측 결과가 다를 수 있다. 네이버 CLOVA X는 Transformer 기반의 모델을 사용하며, Google Gemini는 BERT 기반의 모델을, Microsoft Copilot은 GPT-3 기반의 모델을, ChatGPT는 GPT-4 기반의 모델을 사용한다. 이러한 구조와 알고리즘의 차이는 모델의 성능과 예측 정확도에 영향을 미친다.
- **학습 시점의 차이:** 각 모델은 서로 다른 시점에 학습되었다. 네이버 CLOVA X는 2023년에, Google Gemini는 2022년에, Microsoft Copilot은 2021년에, ChatGPT는 2020년에 학습되었다. 따라서 학습 시점의 차이로 인해 최신 데이터를 반영하지 못할 수 있다.
- **가중치 부여의 차이:** 각 인공지능은 서로 다른 방식으로 가중치를 부여한다. 가중치에 따라 예측 결과가 달라지기 때문에 위 답변에서 보면 3개 인공지능이 예측한 8년 후 재건축 아파트 가격이 조금씩 다르다.

- **변수의 고려 여부:** 각 인공지능은 서로 다른 변수를 고려하여 예측을 수행한다. 예를 들어 CLOVA X는 1인당 GNI의 상승률과 아파트의 단계별 가격 상승률만을 고려하여 예측을 수행하지만, 다른 인공지능은 추가적인 변수를 고려했을 수 있다.
- **계산 방식의 차이:** 계산 방식의 차이로 인해 결과가 다를 수 있다. CLOVA X는 1단계 상승률을 구한 다음 이를 8년으로 나누어 1년간 상승률을 구했지만 다른 인공지능은 다른 방식으로 계산했을 수 있다.
- **프리미엄 계산 방식의 차이:** 프리미엄 계산 방식의 차이로 인해 결과가 다를 수 있다. CLOVA X는 2단계 가격에 30%의 프리미엄을 추가했지만, 다른 인공지능은 다른 방식으로 계산했을 수 있다. 이런 이유로 인해 같은 질문에 대해서도 3개의 인공지능의 답변이 다를 수 있다.

특히 이 책은 아파트 가격에 관련된 분석이므로 부동산 가격 예측에 유리한 모델을 알아보고 해당 모델의 결괏값에 좀 더 가중치를 두어도 될 것이다. 부동산 가격 예측에 있어 어떤 모델이 더 정확한 결과를 제공하는지는 다양한 요인에 따라 달라진다. 일반적으로 다양한 형태의 부동산 데이터를 효과적으로 처리하고, 새로운 데이터에 대한 적응력이 높은 모델, 부동산 시장의 비선형적이고 복잡한 패턴을 학습하고 예측할 수 있는 모델이 좋을 것이다.

이런 점에서 각 인공지능의 특성을 보면 Google Gemini는 대규모 데이터 처리 능력과 다양한 모델 아키텍처를 지원하여 복잡한 부동산 시장의 패턴을 학습하는 데 유리할 수 있다.

Microsoft Copilot은 뛰어난 자연어 처리 능력을 바탕으로 부동산 관련 텍스트 데이터를 효과적으로 분석하고, 전문가의 지식을 활용하여 예측 모델을 구축할 수 있을 것이다. 이 인공지능은 특히 부동산 및 금융 분야에서의 정밀한 예측에 강점을 보인다고 알려져 있다.

네이버 CLOVA X의 경우 국내 부동산 시장에 특화된 데이터를 학습하여 국내 부동산 시장의 특성을 잘 반영한 예측 결과를 제공할 수 있다. CLOVA X는 네이버의 한국어 데이터를 기반으로 학습되어 한국의 부동산 시장에 대한 이해도가 높고, 한국의 부동산 시장에 대한 최신 데이터와 트렌드를 반영하고 있어 우리나라 아파트 가격 예측에 더 유리할 것으로 기대된다. 그러나 CLOVA X에 아파트 관련 질문을 던지면 많은 경우 "사용자님께서 요청하신 내용은 특정 지역에 대한 비하와 혐오를 표현할 수 있어 제공해 드릴 수 없습니다. 이러한 용어들은 해당 지역의 부동산 가격을 높이기 위해 만들어졌으며, 부동산 시장의 과열을 조장하고, 지역 간의 갈등을 유발할 수 있습니다."라는 메시지가 나온다. 이런 CLOVA X의 지나친 사이버 윤리 기준 때문에 CLOVA X를 사용하는 데는 많은 제약이 따른다.

마지막으로 ChatGPT는 다양한 주제에 대한 광범위한 지식을 가지고 있으나 부동산과 같은 특정 분야에 대한 깊이 있는 분석이나 정밀한 예측보다는 일반적인 지식 제공에 더 강점을 가진다. 그렇기 때문에 비구체적인 질문을 의뢰하는 경우 답변이 일반적인 상식선에서 제공되는 경우도 많다. 이런 점을 고려해 이 책에서는 네이버 CLOVA X, Google Gemini, Microsoft Copilot의 3개 인공지능에 동일한 질문을 제시한 다음, 3개의 답변의 평균값을 요청해 그 가격을 최종 결괏값으로 삼았다.

일반적으로 곱셈은 주로 '×', '*'으로 표기되고, 나눗셈은 '÷', '/'로 표기되는데, 인공지능들이 산출한 계산식에 나타나는 기호는 곱셈(^), 나눗셈(아예 기호가 없음)인 경우도 있어서 인공지능 계산식에서는 가능한 한 그들이 사용한 기호를 그대로 두었다.

이 장에서는 그동안 필자가 부동산 커뮤니티(부동산스터디, cafe.naver.com/jaegebal)에 올린 글(필명: 사과랑)을 재정리해서 수록한다.

필자는 2017년부터 연 1회 정도 이 커뮤니티에 미래 아파트 가격을 예측하는 글을 수록했으므로 관심 있는 독자는 이 게시물을 참고하기 바란다. 필자는 2024년부터는 매 3개월마다 아파트 가격 전망과 향후 트렌드를 예측하는 글을 올리고 있는데 아래가 그중 주요한 글들이다.

게시물에 올린 글에서는 주식, 비트코인 등 투자 상품에 대한 글도 함께 수록돼 있어서 아래서는 서울 아파트 시장의 전망에 대한 내용만을 간추렸다. 또 서적은 지면 제한이 없는 관계로 과시적 소비, 한강르네상스 등 우리나라 아파트 시장에 영향을 줄 미래의 트렌드에 대한 내용은 설명을 추가했다.

현재 ChatGPT, CLOVA X, Google Gemini 등 생성형 인공지능의 추론 수준은 초기 개발 단계로 이들의 답변에 대한 신뢰성은 낮으므로 참고로만 활용 바란다. 저작권 조항에 따라 인공지능의 답변은 이미지나 박스로 처리해 필자의 글과 구분해 두었다.

2장
아파트의 미래 트렌드

2025년 아파트 시장 예측

지난 6년간 필자는 부동산 커뮤니티(부동산스터디, cafe.naver.com/jaegebal)에 게재한 글(필명: 사과랑)을 통해 국평을 기준해 우리나라 아파트 시장의 향방을 아래처럼 예측해 왔다.

- 2018년에는 2020년까지 강남재건축 상단인 압구정 현대아파트가 20억 원에서 25억 원까지, 하단인 오금 현대아파트가 10억 원에서 14억 원까지 상승할 것으로 예측했고,
- 2019~2020년에는 2022년까지 압구정 현대아파트가 36억 원, 오금 현대아파트가 19억 원을 예상했고,
- 2021년에는 "부동산은 현재(2021년 5월)가 거의 정점으로 하락할 것"으로 예측했고,
- 2022년에는 서울은 10~20% 내외, 경기도는 20~40%까지 하락할 것으로 보았다.
- 2023년 4월에 쓴 글에서는 "강남3구 등 서울의 상급지 재건축은 다시 상승해 2025년 전에 전고점을 넘어설 것"으로 예상했다. 필자가 글을 올린 2023년 초부터 2024년 10월까지 국평을 기준해 재건축 아파트 가격을 보면 2년 사이에 압구정 현대아파트가 34억 원에서 49억 원, 대치 한보미도맨션이 24억 원에서 32억 원, 잠실 주공5단

지 아파트가 23억 원에서 28억 원으로 상승했다.
- 2024년 4월에 게재한 글(cafe.naver.com/jaegebal/5096572)에서는 "1995년 닷컴버블 이후 30년 만에 인공지능(+로봇) 버블이 오고 있으며, 버블은 특정 자산에 통화량을 집중시키고 자산 간의 격차를 벌리기 때문에 강남·용산 등 핵심지와 기타 비핵심지 간의 양극화가 더 심화"될 것으로 전망했다.

아래 표에서 보듯이 아파트 가격이 오르기 시작한 2017년부터 2023년 사이의 유동성과 투자 증가율을 보면 M2 통화량이 40%, 코스피가 25%, 잠실 엘스가 120%, 압구정 현대14차가 120%, 부산의 대우마리나3차가 60%, 대구의 궁전맨션이 60%이다. 필자는 2017년 이후 유동성은 주식보다는 부동산, 지방보다는 수도권 아파트에 쏠렸는데, 이 현상이 2024년까지 계속될 것으로 보았다.

M2 통화량	2017년 1월: 2,730조	2023년 1월: 3,785조	40%
코스피	2050	2566	25%
잠실 엘스	11억	24억	120%
압구정 현대14차	17억	37억	120%
부산 대우마리나3차	7억	11억	60%
대구 궁전맨션	5억	8억	60%

마지막으로 2024년 10월에 필자가 게재한 글(cafe.naver.com/jaegebal/5352702)에서 2025년의 부동산 시장을 아래처럼 예측했다.

① 핵심지(5분위, 25억 이상), 준핵심지(4분위, 15억 이상)는 2025년까지 현재 가격을 유지할 것이다.

지난 2000년 이후 서울 아파트는 상승을 유발하는 핵심지(5분위, 현재 25억 이상, 강남3구·용산·여의도 등) → 상승을 가속화시키는 준핵심지(4분위, 현재 15억 이상, 목동·마포·과천·판교·동탄·고덕·위례·광교·분당 등) → 상승 추세를 쫓아가는 비핵심지(1~3분위, 현재 10억 미만, 광명·수지·평촌·인덕원 → 노도강·산본·시흥 등)의 패턴을 보여 왔다.

KB부동산 분위별 평균주택가격(kbland.kr)에서 전고점을 기준해 보면 2024년 8월 현재 5분위는 100% 이상, 4분위는 90~100%까지 상승했다. 5, 4분위는 1~3분위와 달리 지속적으로 상승 중으로 5, 4분위의 경우 시세 차익이 큰 강남 등 핵심지 분양과 이에 따른 청약 열기 때문에 2025년까지 현재 가격을 유지할 듯하다.

② 1~3분위(10억 미만) 아파트는 2024년 12월에 추가 상승 여부가 결정될 듯하다.

KB부동산 분위별 평균주택가격(kbland.kr)에서 보면 2024년 8월 현재 3분위 아파트는 전고점의 88%, 1, 2분위 아파트는 전고점의 85% 미만에 머물고 있다. 과거의 선례에 따라 비핵심지가 상승하려면 2024년 말까지 1, 2분위 아파트가 전고점의 85%, 2025년 말까지 100%에 도달해야 한다. 갭투자가 활발해 비핵심지의 바로미터로 기능하는 상계 주공3·6·7단지 17평의 2024년 실거래를 보면 7월에 5억 2천(전고점의 -27%)까지 상승했는데, 8월부터 다시 4억대 거래가 나오고 있다. 이 아파트는 올 연말 전에 6억(전고점의 -15%)에 도달하지 못하면 전고점 도달이 2026년 이후로 미루어진다고 봐야 한다. 이처럼 2024년 말까지 전고점의 85% 미만에 머무는 아파트는 2026년 이후에 전고점에 도달하거나, 또는 상당히 오랜 기간 동안 전고점에 도달하지 못할 가능성이 높다.

지금까지 필자의 글을 보면 2025년 이후 부동산 시장을 예측하는데, 필수적인 키워드는 50층 아파트, 과시적 소비, 한강 르네상스, 인공지능 버블이라는 세 가지로 요약된다. 이하는 이들 키워드와 관련해 필자가 2024년 초부터 올린 글을 보완한 것이다.

5세대, 50층 아파트 시대의 시작과 조건

(2024.01.10. 게시글, cafe.naver.com/jaegebal/4938085)

서울시 정책이 4세대에서 5세대로 아파트 세대를 바꾸고 있다. 최근 50층 이상 고층 아파트를 추진하는 정비 사업장이 늘어난 건 2023년에 오세훈 서울시장이 한강변 아파트 최고 높이 35층 제한을 폐지했기 때문이다. 앞서 박원순 전 서울시장 재임 시절인 2013년 서울시는 일조권과 조망권을 지킨다는 목적으로 제3종 일반주거지역의 주거용 건축물 높이를 35층 이하로 제한했다. 하지만 획일적 규제가 도시 미관을 해치고, 정비 사업 속도를 늦춘다는 판단에 오세훈 시장이 들어서며 이 규제를 폐지했다.

2023년 초에 서울시가 '2040 서울도시기본계획'을 통해 높이 규제(35층)를 폐지하며 49층 이상으로 정비계획을 변경했는데, 서울시의 목표는 2026년까지 재개발·재건축으로 18만 5,000가구의 주택을 공급하는 것이다. 오세훈 시장은 2026년까지의 임기 내에 최대한의 재건축·재개발 단지 착공을 만들어 내려고 여러 재건축 촉진책을 내놓고 있다.

이 결과 2023년부터 신반포2차, 신반포4차, 반포 미도아파트, 잠실주공5단지, 잠실 우성1·2·3차가 49층 이상의 재건축으로 도시계획위원회(도개위) 심의를 통과 혹은 수정 가결됐다. 대치 은마아파트가 정비구역으로 지정되는 데 20년 걸렸는데, 대치 한보미도맨션은 불과 1년 만에 50층 아파트로 확정되는 셈이다.

은마 등 35층으로 정비구역 지정된 아파트들도 다시 50층으로 지정 받기 위해 준비 중이고, 앞으로 정비구역 지정을 준비 중인 압구정, 여의도 시범, 목동 등 거의 모든 서울시 재건축 아파트들이 50층을 신청할 예정이다. 경기 부양을 위해 민간 아파트 공급이 절실한 정부와 서울시는 이런 재건축 단지들의 요구를 적극 받아들일 듯하다.

서울시는 혁신적인 디자인을 적용하는 경우 50층 이상의 초고층 아파트까지도 원칙적으로 허용한다고 밝혔다. 앞으로 강남 등 서울 재건축 단지에서도 56층으로 지어진 용산의 래미안 첼리투스와 같은 아파트가 들어설 것이다. 정비업계 관계자들은 "지방자치단체가 마음만 먹으면 재건축은 5~6년이면 진행할 수 있다."라고 말한다. 재건축에 소요된 기간도 과거의 절반으로 단축돼 정비구역 지정 후 바르면 6~7년 후 입주하는 재건축 아파트도 생길 것이다.

CLOVA X에게 "한국 아파트의 층 높이는 어떻게 변화해 왔나요. 층 높이를 1세대부터 4세대로 나누어 설명해 주세요."라고 문의하면 인공지능은 다음처럼 구분한다.

[CLOVA X 답변]

> 1세대 아파트(1960~1970년대): 2~3층의 저층으로 중앙난방식이 대부분이었습니다.
> 2세대 아파트(1980년대): 10층 이상의 중층 아파트가 주를 이루었습니다.
> 3세대 아파트(1990년대): 20층 이상의 초고층 아파트가 등장하기 시작하였으며, 지하주차장이 보급되었습니다.
> 4세대 아파트(2000년대): 유비쿼터스 시스템을 도입했고, 친환경 건축 자재를 사용하기 시작했습니다.

5세대 아파트에 대한 정의는 부동산 연구자들에 따라 다양하다. 필자는 2023년에 시작된 50층 재건축 붐이 5세대 아파트 시대의 시작으로 본다. 재건축 단지들이 50층 재건축을 추진하는 이유는 지역 랜드마크가 됨으로써 단지 가치를 상승시킬 수 있기 때문이다.

50층은 35층에 비해 조망권이 확대되고, 일반 분양 물량이 늘어 사업성이 좋아진다. 50층 이상부터는 공사비도 1.4배 가까이 늘어 분양가와 그에 따른 아파트 가격이 35층 아파트에 비해 약 40% 상승할 수 있다.

7년 후 각 구의 최초의 50층이 될 강남구의 압구정 2~5구역, 대치 한보미도맨션, 서초구의 반포 미도, 신반포2, 신반포4차, 송파구의 잠실 우성, 잠실 주공5단지, 잠실 장미 등은 그 지역의 랜드마크로 아파트 가격을 끌어올리는 역할을 할 것이다.

이제 35층 아파트(4세대) 시대가 끝나고, 50층 아파트(5세대) 시대가 시작되고 있다. 아파트는 세대교체가 될 때 큰 수익이 생긴다. 1세대부터 4세대까지 층고가 바뀔 때 높은 층고의 아파트가 시세를 끌어올렸고, 이 시기의 투자자들이 큰 수익을 얻었다.

아래 표에서 보듯이 지난 15년간 최고의 상승률은 2006년에 분양해 2008년에 준공된 잠실 리센츠 같은 4세대 아파트들이다. 15년 전에 4세대 아파트 시대를 열었던 엘스, 트리지움, 리센츠 등의 상승률이 200~280%로 대치 한보미도맨션 등 3세대 아파트의 평균 상승률 120%를 크게 웃돌았다.

연도/상승률	2007년	2022년	상승률
4세대 잠실 리센츠 (이하 33평 기준)	6억	23억	+280%
3세대 압구정 현대3차	12억	36억	+200%
3세대 대치 한보미도	12억	26억	+120%
3세대 분당 시범한양	6억	14억	+130%
3세대 상계 주공3단지	4억	9억	+120%

5세대 아파트는 50층(1조건)이 기본이며, 여기에 펜트하우스형 시설(2조건) + 한강 조망권(3조건)을 갖춘 압구정동, 반포잠원동, 잠실동, 한남동의 4개 동에 고소득자들이 모일 것이다.

아파트는 건물의 모든 층에 위치하고, 펜트하우스는 건물의 최상층에 위치한 아파트이다. 아파트의 편의 시설은 피트니스 등 공용 커뮤니티가 핵심이며, 펜트하우스는 전용 테라스, 옥상 정원, 전용 엘리베이터, 차별화된 마감재가 특징이다. 일부 아파트에는 발코니나 공용 야외 공간이 있지만 일반적으로 크기가 작아 펜트하우스와 같은 수준의 프라이버시를 제공하지 못한다.

　50층은 35층에 비해 공용 커뮤니티 시설을 확충할 수 있는 면적이 넓어진다. 이에 따라 현재의 펜트하우스형 아파트인 시그니엘, 더 펜트하우스 청담, 나인원한남 등이 제공하는 펜트하우스 서비스를 제공하게 될 것이다. 발코니, 정원형 테라스, 공용 옥상 정원 등 야외 공간은 집단 거주 시설이 아니라 여유로운 리조트 분위기를 줄 것이며, 개인이 사용할 수 있는 셰프, 파티룸, 회의장, 한두 가구별 엘리베이터 같은 편의 시설도 추가될 것이다.

　신반포2차도 전 세대가 한강 조망, 테라스가 가미된 설계를 준비 중인데, 이런 시도는 향후 건축될 강남의 50층 아파트들이 지금의 집단 거주지 개념과 달리 사생활 보호 형태의 펜트하우스형 아파트를 지향하고 있음을 보여 준다.

　현재 이런 펜트하우스형 아파트의 선두 주자인 340세대 아파트, 나인원한남은 가장 적은 75평이 2021년의 65억 원에서 2024년 10월 현재 110억 원까지 상승해, 3년 만에 70%의 상승률을 보이고 있다. 앞으로 재건축될 강남·용산 등 핵심지의 50층 아파트들은 추가 건축비 40%를 고려할 때 현재 시세보다 70% 이상 상승할 수 있다.

　2024년 11월에 매일경제가 보도한 내용에 따르면 서울 시내 재개발·재건축 조합 321곳 중에서 50층 이상 초고층 아파트를 추진 중인 정비 사업장은 13곳에 달한다. 초고층 건물은 일반적으로 50층 이상 또는 높이 200m 이상인 건물을 의미한다. 현재 서울 최고층 아파트는 강남구 도곡동 '타워팰리스3차'와 양천구 목동 '현대하이페리온1차'로 각 69층이다. 현재 서울에서 200m가 넘는 초고층 주거 전용 단지는

6개에 불과하다.

　그런데 현재 재건축을 추진 중인 단지들이 입주할 10년 후를 예상하면 서울 한강변은 향후 최고 50~70층 안팎의 초고층 빌딩 숲으로 거듭나게 된다. 대표적인 지역을 보면 압구정 2~5구역은 모두 69~70층 재건축을 추진 중이고, 맞은편의 성수4지구는 77층 초고층 설계를 확정한 뒤 시공사 선정을 위한 준비에 돌입했다. 여의도에서는 시범(65층), 목화(60층), 진주(58층), 한양(56층) 등이 초고층 재건축을 추진하고 있고, 잠실에서는 잠실 주공5단지가 70층, 잠실 장미1·2·3차도 69층을 추진 중이다. 초고층 아파트는 지을 때부터 비용이 기하급수적으로 늘어나고, 완공 뒤 관리비도 상당하기 때문에 소득 수준이 높은 지역에서만 추진이 가능하다.

　각 조합은 랜드마크 단지 선점 효과와 사업성 개선 등을 노리고 층수 높이기에 경쟁적으로 나서고 있다. 특히 한강 주변 단지의 경우 초고층 아파트로 지을수록 더 많은 가구가 한강 조망권을 확보할 수 있다는 이점이 있다. 여기에 주변 건물과 비교해 높게 치솟은 건축물이 주는 웅장함 덕분에 '대장 아파트'로 자리매김하는 효과도 기대할 수 있을 것이다. 예를 들어 신반포2차 아파트는 최고 49층 높이로 규모로 재건축되므로 현재 대장주 역할을 하는 래미안원베일리와 아크로리버뷰의 최고층(35층)보다 10층 이상 높다. 이 경우 반포에서 유일하게 40층 이상의 고층 아파트가 돼 향후 서초구의 대장주 역할이 확실해 보인다.

　이렇게 초고층을 선택한 조합은 단지 차별화를 강조하고 있다. 초고층을 선택하지 않았다가 자칫 재건축·재개발이 완료된 후 저층 단지라는 평가를 받으면 가격 경쟁력도 잃을 수 있다는 우려에서다. 평당 1

억이 넘는 단지의 경우 공사비가 30% 올라가더라도 감당이 가능하고 오히려 높이 올릴수록 아파트 가격이 높아지는 효과를 볼 수 있을 것이다. 10년쯤 후에 현재 추진 중인 초고층 정비 사업이 완성될 경우 싱가포르·뉴욕·홍콩처럼 해안가나 강변을 중심으로 랜드마크급 아파트 단지가 조성될 가능성이 높다.

신도시특별법에 따라 5년 내에 분당 등에서 50층, 500% 용적률 재건축이 가시화될 듯하다. 이 영향으로 서울의 잠실 엘스 같은 4세대 아파트들이 6세대로 변신(현재 35층에서 60층 이상으로 재건축)하기 위해 500% 용적률 확대를 요구할 것이며, 향후 10년 후에 이 문제가 이슈화될 것이다.

그러나 10년 후 인구 감소, 경제성장률 하락세, 30년 이상 지속 중인 일본 부동산의 하락으로 볼 때 우리나라 역시 6세대 아파트 시대는 어렵다고 본다. 따라서 50층의 5세대 아파트가 향후 30년 이상 하이엔드 아파트가 될 가능성이 높다.

'한강 르네상스'의 재건축 프리미엄은 40%

(2024.10.3. 게시글, cafe.naver.com/jaegebal/5352702)

　지금까지 재건축은 착공 시 가격에서 준공 후 가격이 0~60%까지 입지에 따라 상승하는 프리미엄이 발생했다. 이런 관행에 비추어 보면 반포동 래미안원베일리 국평 가격은 2020년 착공 시 31억 원에서 2024년 준공 후 프리미엄 60%를 추가하면 50억 원이 재건축 후 가격이다. 그런데 이 아파트 국평은 60억 원까지 상승해서 추가 프리미엄이 약 40% 발생했는데, 이것은 오세훈 서울 시장이 오랫동안 추진해 온 '한강 르네상스' 정책의 영향일 것으로 필자는 본다.

　필자의 예측대로 한강 르네상스 정책이 한강변 아파트 가격에 영향을 주고 있다면 향후 한강변에 재건축 아파트가 들어설 여의도, 이촌동, 한남동, 압구정, 잠실동, 성수1~4지구, 자양동 등에서도 재건축 후 반포 래미안원베일리처럼 최대 100%까지 재건축 프리미엄이 발생할 수 있을 것이다.

　단순히 추정해 보면 2024년 8월 현재 46억 원대인 압구정 신현대 아파트 국평이 2028년 착공 시까지 이 정도 가격을 유지해 주면 재건축 후 기존 프리미엄 60% + 한강 르네상스 프리미엄 40% = 100% 프리미엄이 붙어 2032년 준공 후 약 92억까지 오를 수 있다는 계산이 나온다. 같은 원리로 계산하면 2032년에 국평을 기준해 신반포2차가

78억, 잠실 주공5단지가 54억이 되는 셈이다.

아파트 이름/연도	2018년	2020년	2024년	2032년 (8년 후 준공 시)
반포 래미안원베일리 (구 경남아파트)	20억	31억 (착공 시)	50억(준공 후, 재건축 프리미엄 60%)	한강 르네상스 프리미엄 40% 추가
압구정 신현대아파트	24억		46억	46억 × 100% = 92억
반포동 신반포2차	20억		39억	39억 × 100% = 78억
잠실 주공5단지	17억		27억	27억 × 100% = 54억

* 매년 8월 기준 가격. 단위는 억 원.

 2006년부터 오세훈 시장이 내놓은 '한강 르네상스'는 서울시를 한강 변을 중심으로 하는 수변 도시로 바꾸는 계획이다. 당시 구체적인 목표는 한강을 중심으로 수변 문화 공간 조성과 자연성 회복, 경관 개선, 수상 이용 활성화 등이었다. 이에 따라 한강을 서해로 연결하는 뱃길을 만들고, 선착장과 터미널 등 기반 시설을 구축하고, 한강변에 공연장, 전시관, 쇼핑센터 등 문화 시설을 조성하고, 공원과 산책로 등 휴식 공간을 확충하는 계획이 추진돼 왔다.

 이 계획은 한강 르네상스사업 2.0에 이어 오세훈 서울시장이 2023년에 발표한 '그레이트 한강 사업'으로 진화 중이다. 이 그레이트 한강 프로젝트의 핵심은 한강변에서 찾기 힘들었던 문화·여가 시설의 확충이다. 이에 따라 런던의 상징물을 본뜬, 크기 180m의 대관람차 서울링을 필두로 수상 곤돌라, 항만 시설, 보행교, 산책로 등이 한강 곳곳에 들어선다. 전신인 한강 르네상스가 한강의 접근성을 높이고 경관을 개선하는 데 집중했다면 시즌 2인 그레이트 한강은 문화예술 시설을 늘려 한강의 재미와 활력을 끌어올리는 게 목표이다. 이에 따라 2026년까지 잠수교의 보행 편의성을 높이고, 영화나 소규모 공연도 관람할 수 있는 공간으로 조성하고, 선유도에는 순환형 보행 잔교를 조성하고 노들 아트브릿지, 서울숲 컬처브릿지도 2025년 착공을 목표로 추진 중이다. 이 밖에 한강 내외를 연결하는 이동 수단도 다양화해 인천공항과 잠실을 연결하는 UAM(도심항공교통)이 계획되고 있다.

한강 르네상스는 한강의 문화·여가적 측면을 넘어서, 한강변 재건축 아파트 시세에도 영향을 미치고 있다고 필자는 생각한다. 압구정 등 한강변 재건축 사업은 박원순 시장이 들어서면서 주춤했으나, 오 시장이 2021년 서울시장으로 복귀해 각 지구별 재개발 사업을 허용함으로써 급물살을 타기 시작했다. 한강 르네상스2 계획은 전임인 박 시장이 만들어 놓은 한강변 35층 개발 제한을 풀고, 잠실·성수·압구정·반포·이촌·여의도 등 한강변 단지를 최고 50층 높이의 초고층으로 허용함으로써 런던, 홍콩, 싱가포르 등에서 보이는, 해변이나 강변에 초고층 건물이 밀집되는 현상이 서울에서도 나타나고 있다.

이렇게 보면 2025년에 래미안원베일리나 압구정 현대아파트 국평이 50억을 넘어설 정도로 급상승한 이유는 두 곳의 고유한 입지의 영향이라고 보기는 어렵다. 이 두 지역에서 새로운 개발 호재나 가격의 급상승을 가져올 특이한 요인을 찾기는 어렵기 때문이다. 필자는 크게 두 가지가 원인이라고 보는데, 하나는 오세훈 시장이 오랫동안 추진해 온 한강 르네상스 계획이 2022년 이후 본격적으로 성과가 나타나기 시작해 한강변 아파트 가격에 영향을 주기 시작했다는 점이다. 다른 하나는 우리나라의 1인당 국민소득(GNI)이 3만 달러를 넘어서 선진국에 들어서면서 연봉 2~3억 이상의 고소득층이 증가하고 있고, 이들이 대출을 일으킬 경우 20~30억 원대의 아파트 구입이 가능하기 때문이다. 이런 고소득층이 최상위 부유층이 밀집된 한강변 신축을 선호하기 때문에 처음으로 강남3구의 한강변에 들어선 재건축 단지인 래미안원베일리의 국평이 50~60억 원대에 달하는 현상이 나타났다고 필자는 본다.

한강 르네상스가 한강변 재건축 시세에 영향을 미치고 있는 대표적인 사례는 성수 강변동양 등 성수동 1~4전략정비구역에 위치한 소규모 아파트 단지들이다. 2000년 이후에 준공된 이 아파트들은 100~200가구의 소형 단지들로 재건축 연한도 채우지 못한 데다 용적률이 높아 재건축이 불가능하다. 비슷한 조건의 강북의 소형 단지들의 국평이 12억 원대인 반면에 성수전략정비구역에 포함된 강변동양, 강변임광 등의 국평 가격은 2024년 초에 24~26억 원대에 달해 두 배 이상 상승해 왔다.

한강 르네상스는 성수·압구정·이촌·여의도 등 한강변 단지를 최고 50층 높이의 초고층 아파트로 개발하려는 것으로 이 사업의 일환으로 성수 동양아파트가 포함된, 성수동1가 약 53만㎡가 '전략정비구역'으로 지정됐다. 이 사업은 박원순 시장이 들어서면서 1~4지구를 통합 개발해야 한다는 조건을 내세워 주춤했으나, 오 시장이 2021년 서울시장으로 복귀해 각 지구별 재개발 사업을 허용함으로써 급물살을 타기 시작했다.

성수1구역의 2개 동 아파트인 성수 강변동양 국평이 26억 원인데, 한강 르네상스 프리미엄이 없었다면 성수동은 현재도 공장 지역일 것이다. 이 사업 덕분에 공장 지대였던 성수동 1~4전략정비구역의 아파트는 잠실 엘스, 리센츠보다 더 센 가격을 보일 때도 있었다. 성수동 1~4전략정비구역의 아파트 가격이 비한강변의 두 배 이상으로 급등한 것으로 보면, 향후 한강변에 들어설 재건축 아파트들도 재건축 후에 반포 래미안원베일리처럼 최대 100%까지 재건축 프리미엄이 발생할 수 있을 것이다.

아래서는 래미안원베일리의 가격 상승에 기준해 한강변 재건축 아파트들의 재건축 후 시세를 CLOVA X, ChatGPT 등의 인공지능 프로그램으로 예측해 본다. 환율, 경제성장률 등의 변수를 고려하지 않고, 아파트 가격은 국민소득에 비례한다는 전제이다. 변수를 단순화하기 위해 우리나라 1인당 국민소득이 과거 8년과 같은 비율로, 향후 8년 후 44,000달러에 이른다고 보고 계산했다.

[CLOVA X 계산]

아파트 이름/연도	2018년 8월	2020년	2024년	2032년(8년 후 준공 시)
원베일리 (구 경남아파트)	20억	31억 (착공 시)	50억 (준공 후)	착공 후 준공 시 프리미엄 60% 상승
A(압구정 신현대)	24억		44억	84억
B(신반포2차)	20억		39억	74억
C(잠실 주공5단지)	17억		27억	57억

* 이 질문에서는 압구정 신현대를 44억 원으로 계산함.

CLOVA X는 단순 비례율 계산의 결과 재건축 후 압구정 신현대는 84억, 신반포2차는 74억, 잠실 주공5단지는 57억으로 예상한다. 래미안원베일리의 상승에서 보이는 착공 후 준공 시 프리미엄 60%를 포함한 예측이다.

> 상품 가격 상승은 1인당 GNI와 비례한다고 전제합니다.
> 지난 8년간 1인당 GNI가 8천 달러 상승하는 동안에 A상품이 20억 원에서 50억 원으로 상승했다면, 향후 8년간 1인당 GNI가 8천 달러 상승하면 현재 44억 원인 B상품, 현재 39억 원인 C상품, 현재 27억 원인 D상품은 얼마까지 상승할까요?

지난 8년간 1인당 GNI가 8천 달러 상승하는 동안 A 상품이 20억에서 50억 원으로 상승했으므로 1인당 GNI가 1천 달러 상승할 때 A 상품은 5억 원씩 상승한 것으로 볼 수 있습니다.

향후 8년간 1인당 GNI가 8천 달러 상승한다면 B 상품은 5억 원 x 8 = 40억 원, C 상품은 5억 원 x 7 = 35억 원, D 상품은 5억 원 x 6 = 30억 원 상승할 것으로 예상됩니다.

이는 단순한 비례식을 이용한 계산으로 실제로는 다양한 요인에 따라 상품 가격이 변동할 수 있습니다.

다른 답변 보기

자유롭게 대화해 보세요.

CLOVA X는 부정확한 정보를 제공할 수 있으며, 이는 NAVER의 입장을 대변하지 않습니다. 개인정보 처리 안내

착공 후 준공 시 프리미엄 60%를 제외하고, 현재까지 상승률로 예측한 미래 가격을 살펴보기 위해 ChatGPT에게 아래처럼 질문했다.

[질문]

"상품 가격 상승은 1인당 GNI와 비례한다고 전제한다. 지난 8년간 한국의 1인당 GNI가 8천 달러 상승하는 동안에 A상품이 24억 원에서 44억 원으로, B상품이 20억 원에서 39억 원으로, C상품이 17억 원에서 27억 원으로 상승했습니다. 향후 8년간 한국의 1인당 GNI가 8천 달러 상승한다고 전제한다. A상품, B상품, C상품 가격이 지난 8년과 같은 비례율로 상승한다고 하면 8년 후 A상품, B상품, C상품의 가격은 얼마인가요?"

[ChatGPT 답변]

제품 B
- 현재가: 39억원
- 가격 인상률: 95%
- 증가하다:
  39억 원×95100=37억 5천만 원39 \text{억 원} \times \frac{95}{100} = 3705 \text{억 원}39억 원×10095=37억 5천만 원 이겼다
- 미래 가격:
  39억5천만원+37억5천만원=76억5천만원39 \text{십억} + 37억5천만원 \text{십억} = 76억5천만원+37억5천만원=76억5천만원 이겼다

제품 C
- 현재가: 27억원
- 가격 인상률: 58.82%
- 증가하다:
  27억 원×5882100=15억8800만 원27 \text{(10억 원)} \times \frac{58.82}{(100)} = 1588 \text{(10억 원)}27억 원×1005882=15억8800만 원 이겼다
- 미래 가격:
  27억원+15억8800만원=42억8800만원27 \text{(10억)} + 1588 \text{(10억)} = 4288 \text{(10억)}27억+15억8800만원=42억8800만원 이겼다

미래 가격 요약:
- 제품 A는 약 80억 6,600만원이 됩니다.
- B상품은 약 76억 5천만원이 됩니다.
- C상품은 약 42억 8,800만원이 됩니다.

출시: ChatGPT

    ChatGPT는 재건축 후 압구정 신현대는 80억, 신반포2차는 76억, 잠실 주공5단지는 42억으로 예측한다. 여기에 래미안원베일리의 상승에서 보이는, 재건축 아파트의 착공 후 준공 시 프리미엄 0~60%를 추가하면 압구정 신현대아파트는 80~120억, 신반포2차는 76~110억, 잠실 주공5단지는 42~66억 사이가 된다.

    준공 시 프리미엄은 여러 조건에 따라 변화하므로 ChatGPT의 결괏값과 CLOVA X의 결괏값을 동시에 고려해 보면, 8년 후 재건축 후 압구정 신현대는 80억, 신반포2차는 70억, 잠실 주공5단지는 55억 정도이다.

    여기에 이들 아파트는 50층, 5세대 아파트라는 프리미엄이 추가될 경

우 국평 가격이 압구정 신현대아파트는 80~100억 사이, 신반포2차는 70~90억 사이, 잠실 주공5단지는 55~70억 사이까지 가능해 보인다.

워런 버핏의 멘토인 벤저민 그레이엄이 제시한 '내재가치'와 '안전 마진'이라는 개념은 1940년 이후 주식 투자의 키워드였다. 이제 이 개념은 주식 시장에서 영향력을 잃었지만 향후 거시경제 환경이 불투명한 우리나라의 아파트 투자에서 이런 안전 마진이 가능한 조건은 위에서 설명한 '한강 르네상스 지역의 재건축 아파트'가 될 것으로 보인다.

주거지의 과시적 소비와 양극화 현상

(2024.07.01. 게시글, cafe.naver.com/jaegebal/5200708)

필자는 2024년 7월에 위의 부동산 커뮤니티에 게재한 글에서 미국, 일본의 예를 들어 향후 우리나라에도 최상위 부유층이 집중되는 '과시적 소비' 지역이 나타날 것이며 대표적인 지역으로 압구정동, 반포잠원동, 잠실동, 이촌한남동을 들었다. 그리고 이런 '과시적 소비' 지역의 태동에 오세훈 서울 시장의 한강 르네상스 정책이 영향을 주었다고 평가했다.

앞서 설명했듯이 2006년 이후 추진돼 온 한강 르네상스 정책이 이제 본격적으로 영향을 미치기 시작했고, 이들 지역에서 처음 등장한 신축인 래미안원베일리 국평이 준공 후, 착공 시 가격의 두 배인 60억 원에 도달해서 향후 강남권 한강변 재건축의 프리미엄이 최대 100%까지 상승할 수 있음을 보여 준 셈이다.

이렇게 보면 래미안원베일리와 동일한 입지 조건(한강변의 한강 르네상스 영향권, 50층 재건축 아파트)을 갖춘 압구정동, 반포잠원동, 잠실동, 이촌한남동, 성수1~4특별지구, 여의도에서 향후 8년 후 준공되는 50층 아파트들도 래미안원베일리와 동일하게 재건축 후 최대 100%까지의 프리미엄 가격이 상승할 여지가 있다.

이미 1백 년 전에 미국의 사회학자인 소스타인 베블런(Thorstein Veblen)은 그의 저서 『유한계급론』에서 트리마제 같은 현상을 '과시적 소비'라는 개념으로 소개했다. 100년 전 미국의 급속한 산업화와 경제성장은 초고소득층을 탄생시켰고, 이들은 단순히 필요를 충족시키는 것을 넘어 개인의 사회적 지위와 명성을 높이기 위해 부를 공개적으로 과시하는 기호로 명품과 주택을 소유했다.

베블런에 따르면 과시적 소비는 단순히 물건을 소비하는 행위를 넘어 자신의 사회적 지위와 부를 과시하고 다른 사람에게 인정받고자 하는 욕구를 충족시키기 위한 수단이다. 즉, 소비는 단순히 필요를 충족시키는 행위가 아니라 사회적 경쟁에서 우위를 점하기 위한 도구로 기능한다. 소득이 높아지면서 사람들은 고가의 사치품 소비를 통해 자신의 사회적 우위를 과시하고, 다른 사람들의 부러움을 사려는 심리를 갖게 된다. 이러한 과시적 소비는 사회적 경쟁을 심화시키고, 소비 패턴의 표준을 설정하는 역할을 한다. 이때 명품은 사회적 지위를 나타내는 지표이며 소유자가 속한 계층과 신분을 드러내는 기호이다.

베블린은 과시적 소비의 형태를 크게 두 가지로 구분한다. 하나는 과시적 소비로 고가의 사치품을 소비하여 자신의 부를 과시하는 행위이다. 예를 들어 값비싼 명품 의류, 고급 자동차, 호화로운 저택 등을 소비하는 것이 이에 해당한다. 다른 하나는 과시적 여가로 노동에서 벗어나 여가 시간을 즐기는 것을 과시하는 행위이다. 예를 들어 골프, 요트, 여행 등 시간과 비용이 많이 드는 여가 활동을 통해 자신이 노동하지 않고도 풍족한 삶을 누릴 수 있다는 것을 과시한다. 요즘 일본을 방문하는 여행객 중 한국인이 최다이고, 베트남 여행자의 25%가 한국인이라고 한다. 이렇듯 한국인 여행자의 급증은 우리 사회가 과시적 소비 사회로 들어섰음을 알려 주는 증거이다.

베블런에 따르면 과시적 소비가 발생하는 배경은 부유층의 등장과 노동 기피 현상이다. 유럽의 경우 산업혁명 이후 부를 축적한, 새로운 부르주아 계급이 등장하면서, 기존의 귀족 사회와는 다른 방식으로 부를 과시하고 자신의 사회적 지위를 확립하려는 경쟁이 심화되었다. 현재 미국의 구글, 마이크로소프트에 입사하는 기술직 직원의 연봉이 5억 원, 회장은 1천억 원대의 연봉이 많은데, 이런 유산 계급이 증가할수록 미국에서 과시적 소비가 심화될 것이다.

우리나라도 국민소득이 2017년부터 선진국 기준인 33,000달러를 넘어서면서 주거지에 대한 과시적 소비 행태가 나타나고 있다. 2021년을 기준해 근로소득자의 평균 급여는 0.1%(약 2만 명)가 10억 원, 1%(19만 명)가 3억 원인데, 해마다 이 액수는 증가 중이다.

1억 원 이상 소득자의 77%가 서울, 경기 거주자이고, 부유층에 인기가 높은 강남·용산의 아파트가 대략 60만 채인데, 연간 3억 이상을 버는 19만 명의 초고소득자들이 강남·용산 지역에 집중되면 향후 '강남·용산과 기타 지역의 양극화' 현상이 심화될 것이다.

소득이 증가하고 이에 따라 가용 자산이 증가하면 노동은 하층 계급의 특징으로 인식되었고, 상류 계급은 노동을 하지 않고도 풍족한 삶을 누리는 것을 이상적인 삶의 방식으로 여겼다. 따라서 상류 계급은 자신들의 부를 과시하기 위해 노동과는 무관한 사치품 소비나 여가 활동에 집중하였다. 부유층 여성들이 풍성하고 장식이 많은 옷을 착용하는 행위는 자신이 육체노동자가 아님을 과시하는 행위이다. 반대로 종일 일해야 하는 노동자는 몸에 달라붙고, 단순한 형태의 옷을 입어야 한다.

과시적 소비는 개인의 사회적 지위를 확립하고 유지하는 데 중요한 역할을 한다. 과시적 소비현상이 심해지면 사회 구성원을 소비 능력에 따라 계층화하고, 각 계층 간의 경쟁을 심화시킨다. 선진국에서 발생하는 부유층의 집단 거주지 현상은 베블런의 과시적 소비 이론을 통해 설명될 수 있다. 임금 상승은 상류층의 소비 능력을 증대시키고, 이들은 자신의 부를 과시하기 위해 고급 주거지를 선택하게 된다. 초고가 아파트와 펜트하우스는 단순한 주거 공간을 넘어 부와 권력의 상징으로 작용하며, 이를 통해 사회적 지위를 과시하고 특별한 집단에 소속감을 느끼도록 한다.

이런 주거지에 대한 과시적 소비 경향은 현대 사회에서 부동산, 특히 초고가 아파트와 펜트하우스와 같은 부유층 밀집 지역 형성 이른바, 거주지의 양극화에 큰 영향을 미치고 있다. 필자는 2024년에 반포의 래미안원베일리 국평이 60억 원을 넘어선 예를 우리나라의 주거지에 나타난 과시적 소비의 대표적인 예로 보고 있다. 50억 원대를 넘어선 압구정, 반포의 국평은 서민의 접근이 어려운, 과시적 소비 양상으로, 흔히 말하는 아파트 양극화 현상은 앞으로 더욱 가속화될 것이다.

선진국의 대도시에는 직업, 재력의 측면에서 최상위층이 모이는 '주거지 양극화' 현상이 있다. 뉴욕시의 어퍼 이스트 사이드, 샌프란시스코의 퍼시픽하이츠, 홍콩의 빅토리아 피크, 런던의 켄싱턴과 첼시 등이다. 맨션이나 펜트하우스로 불리는 그곳의 초대형 아파트들은 수백억 원을 호가해서 서민의 접근이 어렵다.

미국은 세계 최고 수준의 부동산 시장을 형성하고 있으며, 특히 뉴욕, 로스앤젤레스, 샌프란시스코 등 대도시를 중심으로 초고가 아파트와 펜트하우스 건설이 활발하게 이루어지고 있다. 이러한 현상은 IT 산업의 발전과 함께 고소득층이 증가하면서 더욱 심화되었다. 특히 실

리콘밸리 지역은 고급 주택 시장의 성장세가 두드러지며, 테슬라 CEO 일론 머스크와 페이스북 창업자 마크 저커버그 등 억만장자들이 고급 주택을 구매하면서 주목을 받았다.

뉴욕 맨해튼에서 센트럴 파크 남쪽의 빌리지 지역, 어퍼 이스트 사이드, 맨해튼 스카이라인을 구성하는 초고층 빌딩 등은 미국 부호들의 상징적인 거주지이다. 이 지역의 고급 아파트는 엄청난 가격과 희소성으로 인해 소유 자체가 부와 성공의 상징으로 여겨진다. 할리우드 스타와 IT 업계 거물들이 거주하는 로스앤젤레스 벨에어 역시 엄청난 가격으로 인해 일반인의 접근이 불가능하다.

영국은 역사적으로 귀족 문화가 발달한 나라로 런던을 중심으로 고급 주택 시장이 형성되어 있다. 특히 첼시, 켄싱턴, 나이츠브리지 등은 전통적인 부유층 거주지로 알려져 있으며, 최근에는 외국인 투자자들의 유입으로 고급 주택 가격이 상승하고 있다. 나이츠브리지는 런던에서 가장 부유한 지역 중 하나로, 고급 백화점과 부티크, 미술관 등이 밀집해 있다. 이곳의 아파트는 엄청난 가격으로 거래되며, 소유주는 주로 국제적인 금융가와 기업인들이다. 켄싱턴 팰리스 가든 주변에도 대형 저택과 고급 아파트 단지가 형성되어 있는데, 이 지역은 영국 왕실과 귀족들의 전통적인 거주지로 알려져 있다.

홍콩을 보면 빅토리아 피크가 상징적인 부유층 거주 지역으로, 탁 트인 도시 전망과 고급 주택이 특징이다. 빅토리아 피크의 집값은 아시아에서 가장 비싼 편에 속하며, 소유주는 주로 국제적인 금융가와 기업인들이다. 빅토리아 피크 아래쪽에 위치한 미드레벨은 역사와 문화가 깊이 깃든 지역에도 고급 레스토랑과 갤러리, 부티크가 밀집해 있는데, 이곳의 아파트는 넓은 공간과 고급스러운 인테리어로 고가에 거래된다.

일본에서도 도쿄 시부야(渋谷), 미나토구(港区) 등을 중심으로 고가 주택이 밀집돼 있다. 일본은 1980년대 버블 경제 시기에 고급 주택 시장이 급성장했으며, 서울의 용산, 강남에 해당하는 도쿄의 롯폰기힐즈, 아자부(麻布) 등은 부유층의 상징적인 지역으로 자리매김했다. 이 중 시부야는 젊은 부자들이 선호하는 지역으로, 고급 쇼핑몰과 레스토랑, 엔터테인먼트 시설이 밀집해 있다. 특히 시부야 히카리와 같은 복합 시설은 부의 상징으로 여겨진다. 도쿄의 중심부에 위치한 미나토구는 고급 주택가와 오피스 빌딩이 밀집해 있는데, 특히 로프트 시설을 갖춘 고급 아파트는 젊은 부자들의 인기를 끌고 있다.

우리나라의 경우 아파트의 과시적 소비 현상은 트리마제, 한남나인원, 한남더힐 등에서 이미 나타나고 있다. 2024년 현재 600세대인 한남더힐 26평이 31억으로 평당 가격에서 우리나라 아파트의 최고봉인 압구정 현대를 넘어서고 있다. 이런 현상은 베블린이 정의한 과시적 소비의 예로 향후 이런 펜트하우스형 아파트에 대한 수요가 꾸준히 증가할 것임을 알려 주는 징표이다.

펜트하우스형 아파트인 트리마제가 유명한 이유 중 하나는 이름만 들어도 아는, 수많은 연예인과 유명인들이 살기 때문이다. 트리마제는 초고층 아파트에 파노라마 한강뷰, 발레파킹, 세대 청소 등 다양한 호텔식 서비스가 마련되어 있어 연예인이나 고위층, 재벌 등이 살기에 편리한 시설을 갖추고 있다. 그런데 단순히 이런 편의 시설 때문에 유명 인사들이 모이고 있을까?

트리마제나 나인원한남은 이런 부를 외부에 보여 주는 과시적 소비에 해당하는 아파트이기 때문이다. 백억 원대를 넘어선 아파트에 거주하는 것만으로도 일반 서민과 차별화된다. 이 때문에 2022년에 다른 아파트들이 하락할 때도 꾸준히 상승했는데, 이것은 이 아파트들이 투자의 대상이 아니라 명품처럼 '나의 부와 정체성'을 과시하는 상징물이기 때문이다.

향후 강남에서 이런 과시적 소비의 대상 아파트는 8~10년 후에 50층으로 탄생해 각 지역에서 하이엔드 아파트가 될 강남구의 압구정현대, 대치 한보미도, 대치 은마 등, 서초구의 신반포2·4차, 반포 미도 등, 송파구의 잠실 우성, 주공5단지, 잠실 장미 등, 용산의 한남3·4·5구역, 한강맨션 등이 될 것이다.

향후 우리나라에서 이런 과시적 소비 현상이 심화될 경우 아파트 가격은 지역별로 과시적 소비의 중심지에 가까울수록 더 높아질 것이다. 서민이 접근할 수 없는 가격대라는 기준으로 보면 우리나라의 과시적 소비 지역은 8년 후 주요 재건축단지가 준공될 때 국평을 기준해 40~80억 사이의 아파트가 50% 이상 차지하는 지역이 될 것이다. 이 가격에 도달하는 지역은 압구정, 반포잠원동, 성수특별정비구역, 여의도, 한남동, 한강맨션 등 이촌동 일부, 잠실동 정도이다. 목동, 과천, 판교, 동탄, 광교 등 각 지역 핵심지의 경우 전체 아파트의 50%가 8년 후 40~80억 사이에 도달하지 못하면 과시적 소비 대상지가 아니다.

이런 주거지의 과시적 소비 현상 혹은, 주거지 양극화가 진행되면 이 지역에 가까울수록 아파트 가격이 상승하게 된다. 예를 들어 신반포4차에 못 들어가면 반포 미도를, 잠실 주공5단지에 못 들어가면 잠실 장미, 잠실 우성을, 한남3지구에 못 들어가면 한남2·4지구를, 판교에 못 들어가면 맞은편의 이매역 재건축 아파트를 매수하는, 과시적 소비 지역에 대한 쏠림 현상이 나타난다.

또 공사비가 현재보다 2~3배 상승하면 향후 8년 후에는 재건축이 어려워지고, 위 과시적 소비 지역(1급지)에서 더 이상 공급이 없기 때문에 이들 지역의 대체 지역(1.5급지)이 생길 것이다. 이런 아파트는 1급지 주변에 위치하면서 8년 후 30~40억 사이 아파트일 것이다. 기축은 향후 가격 예측이 어려우므로, 현재 가격의 50% 정도가 상승하는 재건축 아파트만 예로 들면 반포잠원동을 대체하는 1.5급지는 반포 미도, 서초 삼풍, 서초 진흥, 방배 신삼호 등이 대표적이고, 잠실동을 대체하는 1.5급지는 올림픽선수촌, 올림픽훼밀리, 오금 현대, 가락 삼익 등 송파 재건축이 될 것이다. 이들 재건축 아파트에 대한 자세한 분석은 5장에서 별도로 제시한다.

1급지	1.5급지	2024년	2032년 가격 (재건축 준공 시, 재건축 프리미엄 30%)	비례율
압구정 신현대 (35평)		44억	108억	
반포 신반포2차 (35평)		39억	90억	
	반포동, 서초동, 방배동 지역 (반포 미도, 서초 진흥, 방배 신삼호 등)	21~26억	47~59억	1급지의 53~ 66%
잠실 주공5단지 (34평)		27억	52억	
	방이동, 송파동 지역 (올림픽선수촌, 오금 현대, 가락 삼익 등)	17~21억	32~40억	1급지의 62~ 77%

* 단위는 억 원. 평수는 국평 기준. 위 가격은 매년 8월 기준.
* 가격 산출 근거는 뒤에서 인공지능의 계산을 활용해 별도로 설명한다.

이 장에서는 앞에서 언급한 방법론을 응용해 서울 재건축 아파트의 향후 가격을 예측해 본다. 인공지능을 활용한 이런 예측에는 지면이 많이 필요하므로 핵심지 재건축 단지인 압구정, 반포, 잠실을 중심으로 가격을 예측한다. 기타 지역의 경우 여기서 소개한 방법을 응용해 비교 단지와의 가격 비교를 통해서 가격 예측이 가능할 것이다.

아파트 가격 상승은 경제성장률 외에도 많은 변수가 좌우하지만 이들 간의 비중을 계산해 정밀한 미래 아파트 가격을 예측하는 작업은 거의 불가능해 보인다. 다양한 변수들이 어떻게 아파트 가격에 영향을 주었고, 또 각 변수의 비중을 측정하는 작업은 매우 정교한 이론과 분석 틀이 필요할 것이다. 따라서 여기서는 우리나라의 1인당 GNI, 경제성장률이라는 두 가지 변수를 조합해 미래 가격을 예측해 본다.

이런 점에서 아래와 같은 두 가지의 경우의 수를 인공지능에 질문해서 주요 재건축 단지의 가격을 예측해 보았다.

① 한국의 1인당 GNI가 지난 8년간 상승률과 동일한 비율로 향후 8년간 상승하는 경우: 강남, 용산 등 핵심지 재건축 아파트는 강세장으로 계산됐다.

② 향후 8년간 경제성장률이 -20% 하락, 1인당 GNI가 40% 상승하는 경우: 재건축 아파트 가격은 핵심지는 강보합, 비핵심지는 약보합으로 계산됐다.

이 책에서 계속 강조하고 있는데, 현재 인공지능의 답변은 결함이 많고, 프롬

3장
재건축아파트 가격 예측
(강남3구·한강권)

프트에 따라서 모든 답변이 달라진다. 따라서 어떤 변수에 가중치를 더 두어 질문하는가에 따라 미래 가격은 천차만별이 될 것이므로 아래 계산은 참고용으로만 활용하기 바란다.

아래에서는 단순한 산술적 계산식을 인공지능에게 질문했는데, 이것에 대한 답변은 모두 다르다. 또 인공지능들은 우리 개인들보다 훨씬 대규모의 부동산 정보를 가지고 있을 듯한데, 구체적인 산술 지침을 제시하고 있다. 질문에서 전제조건 없이 인공지능들이 스스로 아래 아파트들에 대한 가격을 도출하도록 했으면 질문을 거부하거나, 다른 결과가 나왔을 수 있다. 필자가 사용하는 네 종류의 AI 모델(네이버 CLOVA X, Google Gemini, Microsoft Copilot, ChatGPT)이 동일한 부동산 가격 예측 질문에 대해 서로 다른 답변을 내놓는 현상은 AI 모델의 복잡성과 한계를 보여 주는 대표적인 사례이다. 이것에 대해서는 아래와 같은 요인들이 영향을 준다.

첫째, 인공지능 사용에서 프롬프트(Prompt)에 따라 답변이 달라지는 점이다. 프롬프트는 AI에게 제공되는 질문, 명령, 또는 입력 데이터를 의미한다. 이런 프롬프트는 생성형 AI 모델의 핵심 입력값으로, 모델의 출력 결과를 결정하는 데 결정적인 역할을 한다. 프롬프트의 미세한 변화가 모델의 응답에 큰 영향을 미치는 이유는 모델의 학습 방식이 다르기 때문이다. 생성형 AI 모델은 방대한 양의 데이터를 학습해 주어진 프롬프트에 가장 적합한 다음 단어를 예측하는 방식으로 텍스트를 생성한다. 따라서 프롬프트의 표현 방식, 키워드, 문맥 등이 모델의 예측 과정에 직접적인 영향을 미친다.

또 하나는 모델의 해석 능력의 한계와 차이이다. 현재의 생성형 AI 모델은 인간처럼 자연어를 완벽하게 이해하지 못한다. 생성형 AI는 주어진 정보를 바탕으로 추론하고 생성하는 능력을 갖추고 있지만 복잡한 문제 해결에는 한계가 있다. 특히, 정확한 계산이나 논리적인 추론이 필요한 경우에는 구체적인 지시가 없으면 부정확하거나 비논리적인 결과를 생성할 수 있다.

따라서 구체적인 계산식이나 논리적 구조를 프롬프트에 포함시키면 모델은 더욱 정확하고 신뢰할 수 있는 결과를 생성할 수 있다. 수학 문제를 풀 때 단순히 '이 문제를 풀어 줘'라고 요청하는 것보다 '다음과 같은 식을 이용하여 문제를 풀고, 각 단계별 계산 과정을 상세히 설명해 줘'라고 구체적으로 지시하는 것이 효과적이다. AI가 스스로 계산하고 추론하도록 하면 답변이 부실할 수 있으므로 구체적인 계산식까지 제공하는 프롬프트가 결괏값에 훨씬 유사할 수 있다. 더군다나 CLOVA X는 부동산, 주식 등 민감한 계산식은 답변을 거부하는 경우가 많다. 결국, 인공지능의 답변의 가능성과 정확도는 프롬프트의 적절함에 달려 있다고 할 수 있을 것이다.

그렇기 때문에 이 책에서도 각 개별 아파트의 구체적인 가격을 제시하고, 인공지능은 단순히 산술식을 도출하도록 유도했다. 이 경우에도 인공지능의 결괏값이 모두 다르기 때문에 이들의 평균가를 해당 아파트의 미래 가격으로 제시하는 방법을 썼다.

둘째, 각 인공지능이 동일한 질문에 대해 상이한 답변을 하는 이유는 학습 데이터의 차이가 큰 영향을 미친다. 각 모델은 방대한 양의 부동산 데이터를 학습하지만 데이터의 종류, 수집 기간, 지역적 편차 등에서 차이가 존재한다. 특정 모델은 실거래 데이터에 집중하는 반면, 다른 모델은 경제 지표, 인구 통계 등 다양한 변수를 함께 고려할 수 있다.

셋째, 예측 모델의 구조적 차이를 들 수 있다. 각 모델은 부동산 가격에 영향을 미치는 변수를 다르게 선정하고, 변수 간의 상관관계를 분석하는 방식에도 차이가 난다. 모델의 복잡도가 높을수록 학습 데이터에 대한 과적합(overfitting)의 위험이 증가하며, 모델의 구조와 학습 데이터에 따라 단기 예측과 장기 예측 결괏값이 다르다. 이런 이유로 같은 질문에 대해서도 인공지능의 답변이 다를 수 있음을 미리 상기시킨다.

경기 상승 시 재건축 후 압구정 신현대 108억, 신반포2차 90억, 잠실 주공5단지 52억

위에서 설명했듯이 아래 가격은 '한국의 1인당 GNI가 지난 8년간 상승률과 동일한 비율로 향후 8년간 상승하는 경우' 즉, 경기가 상승하는 경우를 전제로 하는 계산이다. 우리나라 경제가 일본의 잃어버린 30년처럼 경제성장률과 1인당 GNI 하락으로 인한 소비 감소, 투자 침체, 저금리, 디플레이션 상황에 들어서면 이어지는 2절에서 제시했듯이 가격은 아래보다 낮을 것이다.

아래 표는 필자가 계산한, 압구정 신현대(현대9·11·12차), 신반포2차, 잠실 주공5단지 아파트 등 강남3구·한강권에 속하는 주요 재건축 단지들(국평 기준)의 가격 변동과 향후 가격 예측이다. 재건축은 8년 후, 2032년에 준공을 예상하고 계산했으며, 아래에서 강남·한강권 아파트의 가격 기준으로 삼은 반포동 래미안원베일리 아파트는 2020년 착공 시 31억에서 준공 후에 재건축 프리미엄 60%가 추가돼 2024년 8월 현재 50억 원에 달하고, 필자가 주장하는 '한강 르네상스 프리미엄'이 40% 추가돼 최대 60억까지 거래(1건)된 것으로 보았다.

강남·한강권은 강남3구에 속하면서 한강에 인접한 단지들인데, 대표적으로 압구정동, 반포동, 잠실동 아파트가 있다. 이 중에서 현재 재건축이 완료된 지역은 반포동뿐으로 특히 래미안원베일리가 대표적인 입지라고 보아서 이 단지를 재건축 후 강남권 신축의 모델로 삼았다.

아파트 이름/연도	2016년	2024년	8년간 상승률 (%)	2028년 가격 (재건축 착공 시)	2032년 가격 (재건축 준공 시, 재건축 프리미엄 30%)
압구정 신현대(35평)	17억	46억	170	82억	108억
: 압구정 한양1차 (31평)	14억	36억	157	59억	77억
: 압구정 미성1차 (33평)	16억	37억	131	58억	76억
래미안원베일리 (34평, 구 경남아파트)	14억	50억	257		
반포 신반포2차(35평)	15억	39억	160	69억	90억
반포 신반포4차 (34평)	14억	37억	164		
잠실 주공5단지(34평)	13억	27억	108	40억	52억
: 잠실 장미(32평)	9억	22억	144		
: 잠실 우성1·2·3차 (31평)	11억	23억	109		

* 단위는 억 원. 위 가격은 매년 8월 기준.

* ':' 부호 표시는 대체재로 기능하는 아파트를 의미한다. 경제학에서 대체재(代替財, substitute good)는 어느 한 재화가 다른 재화와 비슷한 유용성을 가지고 있어 한 재화의 가격이 상승하면 다른 재화의 수요가 증가하는 경우이다. 이들은 서로 대체관계에 있다고 말하며 이러한 대체관계에 있는 재화를 다른 재화의 대체재라고 한다. 압구정 신현대를 매수하지 못하는 경우 한양1차나 미성1차를 매수하는 투자자가 있다는 점에서 서로를 대체관계로 본다.

이 개념은 대체관계인 아파트 중에서 지난 8년간 상승률이 더 높은 아파트 가격 산출에 유용하다. 예를 들어 위 표에서 잠실 장미는 잠실 주공5단지의 대체재인데, 지난 8년의 상승률이 더 높아서 이 상승률로 향후 8년의 가격 상승을 예측하면 잠실 주공5단지 가격을 뛰어넘게 된다. 이런 대체관계 아파트의 가격 예측은 뒤에서 별도로 설명한다.

위 표의 가격은 인공지능에게 아래와 같이 질문해 나온 결괏값이다. 래미안원베일리는 재건축 후 프리미엄이 60% 증가했는데, 일반적인 재건축 프리미엄이 0~60%인 점을 감안해서, 아래서는 그 중간값인 30% 재건축 프리미엄을 적용해 8년 후 가격으로 제시한다.

래미안원베일리의 경우 필자가 주장하듯 서울시의 한강 르네상스 정책의 영향을 받아 재건축 후 프리미엄이 60%까지 상승한 점을 고려하면, 같은 한강 르네상스 권역에 속하는 압구정 신현대, 신반포2차, 잠실 주공5단지 아파트들도 2032년에 재건축 후 착공 시 가격의 60%까지 상승할 여지가 있다. 이 경우 세 아파트의 예상 가격은 아래처럼 높아질 것이다.

가격/인공지능	CLOVA X	Google Gemini	Microsoft Copilot	2032년 평균값 (60% 프리미엄)
압구정 신현대	118억	145억	136억	133억
신반포2차	98억	124억	112억	111억
잠실 주공5단지	61억	67억	66억	64억

* 단위는 억 원.

필자가 제시한 질문과 이에 대해 인공지능이 답변한 계산식을 나열하면 다음과 같다.

[질문]

한국의 아파트 가격은 1인당 GNI의 상승률에 비례한다고 전제한다. 2016년부터 2024년까지 8년 동안 한국의 1인당 GNI는 7천 달러 증가했는데, 2025년부터 2032년까지 8년 동안 한국의 1인당 GNI는 7천 달러 증가한다고 가정한다.

한국의 아파트 가격은 1단계(최초에 건축된 뒤 20년 이상이 지난 구축 단계), 2단계(재건축을 위해 기존의 건물을 허무는 착공 단계), 3단계(재건축이 완료돼 앞의 2단계 가격에 60%의 프리미엄이 추가된 단계)의 공식이 적용된다.

예를 들어 3단계까지 완료된 한국의 래미안원베일리 아파트는 1단계(2016년 8월)의 14억 원에서 2단계(2020년 8월)에는 약 31억 원까지 상승했고, 3단계(2024년 8월)에서는 60% 프리미엄이 추가돼 약 50억 원까지 상승했다. 위의 공식을 적용해 아래 아파트들의 2단계, 3단계 가격을 구하려고 한다.

1단계의 8년(2016년 8월부터 2024년 8월까지) 동안에 압구정 신현대아파트는 17억 원에서 46억 원으로 상승했고, 1단계의 8년(2016년 8월부터 2024년 8월까지) 동안에 신반포2차 아파트는 15억 원에서 39억 원으로 상승했고, 1단계의 8년(2016년 8월부터 2024년 8월까지) 동안에 잠실 주공5단지 아파트는 13억 원에서 27억 원으로 상승했다.

압구정 신현대, 신반포2차, 잠실 주공5단지 아파트 가격은 1단계(2016년 8월부터 2024년 8월까지)의 연간 상승률과 동일한 비례율로 2단계(2024년 9월부터 2028년 9월)까지 상승한다고 가정한다. 계산한 수식을 포함해 아래 질문에 답변해.

질문 ①

먼저 압구정 신현대, 신반포2차, 잠실 주공5단지 아파트의 1단계 상승률(2016년 8월부터 2024년 8월까지의 8년간 상승률)을 구한 다음에, 이 기간 동안 상승률을 8년으로 나누어서 1년간 상승률을 구해.

질문 ②

위 질문 ①에서 구한 1년간 상승률의 4배가 2단계의 4년간 상승률이다. 1단계 가격에 2단계 4년간의 상승률을 곱해서 압구정 신현대, 신반포2차, 잠실 주공5단지 아파트의 2단계(2024년 9월부터 2028년 9월) 가격을 알려 줘.

질문 ③

위 질문 ②의 가격에 30% 프리미엄을 추가한, 압구정 신현대, 신반포2차, 잠실 주공5단지 아파트의 3단계(2032년 9월) 가격을 알려 줘.

질문 ④

위 질문 ②의 가격에 60% 프리미엄을 추가한, 압구정 신현대, 신반포2차, 잠실 주공5단지 아파트의 3단계(2032년 9월) 가격을 알려 줘.

이 질문에 대해 인공지능이 답변한 계산식을 나열하면 아래와 같다. 일반적으로 곱셈은 주로 '×', '*'으로 표기되고, 나눗셈은 '÷', '/'로 표기되는데, 인공지능들이 산출한 계산식에 나타나는 기호는 곱셈(^), 나눗셈(아예 기호가 없음)인 경우도 있어서 인공지능 계산식에서는 가능한

한 그들이 사용한 기호를 그대로 두었다.

[CLOVA X 답변]

질문 ① 1년간 상승률을 구해 보겠습니다.

압구정 신현대아파트: (46억 - 17억) / 17억 = 1.7배 상승
- 1년간 상승률: 1.7 / 8 = 0.2125 (21.25%)

신반포2차 아파트: (39억 - 15억) / 15억 = 1.6배 상승
- 1년간 상승률: 1.6 / 8 = 0.2 (20%)

잠실 주공5단지 아파트: (27억 - 13억) / 13억 = 1.046배 상승
- 1년간 상승률: 1.046 / 8 = 0.130575 (13.0575%)

질문 ② 위에서 구한 1년간 상승률의 4배가 2단계의 4년간 상승률입니다. 1단계 가격에 2단계 4년간의 상승률을 곱해서 각 아파트의 2단계 가격을 구해 보겠습니다.

압구정 신현대아파트: 46억 (1 + 0.2125) ^ 4 = 약 73.9억 원
신반포2차 아파트: 39억 (1 + 0.2) ^ 4 = 약 61.8억 원
잠실 주공5단지 아파트: 27억 (1 + 0.130575) ^ 4 = 약 38.5억 원

질문 ③ 위 질문 ②의 가격에 30% 프리미엄을 추가한, 압구정 신현대, 신반포2차, 잠실 주공5단지 아파트의 3단계(2032년 9월) 가격을 알려 드리겠습니다.

압구정 신현대아파트: 73.9억 × 1.3 = 약 96.07억 원
신반포2차 아파트: 61.8억 × 1.3 = 약 80.34억 원
잠실 주공5단지 아파트: 38.5억 × 1.3 = 약 50.15억 원

질문 ④ 위 질문 ②의 가격에 60% 프리미엄을 추가한, 압구정 신현대, 신반포2차, 잠실 주공5단지 아파트의 3단계(2032년 9월) 가격을 알려 드리겠습니다.
압구정 신현대아파트: 73.9억 × 1.6 = 약 118.24억 원
신반포2차 아파트: 61.8억 × 1.6 = 약 98.88억 원
잠실 주공5단지 아파트: 38.5억 × 1.6 = 약 61.6억 원

[Google Gemini 답변]

1단계 상승률 구하기
- 압구정 신현대: (46억 - 17억) / 17억 × 100% ≈ 170.59%
- 신반포2차: (39억 - 15억) / 15억 × 100% ≈ 160%
- 잠실 주공5단지: (27억 - 13억) / 13억 × 100% ≈ 107.69%

1년간 상승률 구하기
- 압구정 신현대: 170.59% / 8년 ≈ 21.32%
- 신반포2차: 160% / 8년 ≈ 20%
- 잠실 주공5단지: 107.69% / 8년 ≈ 13.46%

2단계 가격 구하기

- 압구정 신현대: 46억 (1 + 21.32% ^ 4) ≈ 90.94억 원
- 신반포2차: 39억 (1 + 20% * 4) ≈ 78억 원
- 잠실 주공5단지: 27억 * (1 + 13.46% ^ 4) ≈ 42.38억 원

3단계 가격 구하기

- 프리미엄 30% 적용:
  - 압구정 신현대: 90.94억 × 1.3 ≈ 118.22억 원
  - 신반포2차: 78억 × 1.3 ≈ 101.4억 원
  - 잠실 주공5단지: 42.38억 × 1.3 ≈ 55.09억 원
- 프리미엄 60% 적용:
  - 압구정 신현대: 90.94억 × 1.6 ≈ 145.50억 원
  - 신반포2차: 78억 × 1.6 ≈ 124.8억 원
  - 잠실 주공5단지: 42.38억 × 1.6 ≈ 67.81억 원

[Microsoft Copilot 답변]

질문 ① 1단계 연간 상승률 계산

압구정 신현대

- 2016년 8월: 17억 원
- 2024년 8월: 46억 원
- 상승률: 46 - 1717 times 100 = 170.59
- 연간 상승률: 170.598 approx 21.32

신반포2차
- 2016년 8월: 15억 원
- 2024년 8월: 39억 원
- 상승률: 39 - 1515 times 100 = 160
- 연간 상승률: 1608 approx 20

잠실 주공5단지
- 2016년 8월: 13억 원
- 2024년 8월: 27억 원
- 상승률: 27 - 1313 times 100 = 107.69
- 연간 상승률: 107.698 approx 13.46

질문 ② 2단계 가격 계산

연간 상승률의 4배가 2단계 4년간 상승률입니다.

압구정 신현대
- 2단계 4년간 상승률: 21.32% times 4 = 85.28%
- 2단계 가격: 46억 원 times (1 + 0.8528) approx 85억 원

신반포2차
- 2단계 4년간 상승률: 20% times 4 = 80%
- 2단계 가격: 39억 원 times (1 + 0.8) approx 70.2억 원

잠실 주공5단지
- 2단계 4년간 상승률: 13.46% times 4 = 53.84%
- 2단계 가격: 27억 원 times (1 + 0.5384) approx 41.53억 원

질문 ③ 3단계 가격(30% 프리미엄)

압구정 신현대

　• 3단계 가격: 85억 원 times 1.3 = approx 110.5억 원

신반포2차

　• 3단계 가격: 70.2억 원 times 1.3 = approx 91.26억 원

잠실 주공5단지

　• 3단계 가격: 41.53억 원 times 1.3 = approx 53.99억 원

질문 ④ 3단계 가격(60% 프리미엄)

압구정 신현대

　• 3단계 가격: 85억 원 times 1.6 = approx 136억 원

신반포2차

　• 3단계 가격: 70.2억 원 times 1.6 = approx 112.32억 원

잠실 주공5단지

　• 3단계 가격: 41.53억 원 times 1.6 = approx 66.45억 원

아래는 위에서 세 가지 인공지능들이 답변한 압구정 신현대, 신반포2차, 잠실 주공5단지 아파트의 2028년 평균값을 계산한 표이다.

가격/인공지능	CLOVA X	Google Gemini	Microsoft Copilot	2028년 평균값
압구정 신현대	73	90	85	82
신반포2차	61	78	70	69
잠실 주공5단지	38	42	41	40

* 단위는 억 원.

아래는 인공지능들이 답변한 압구정 신현대, 신반포2차, 잠실 주공5단지 아파트의 2032년 평균값(재건축 프리미엄 30% 기준)을 계산한 표이다. 앞에서 설명했듯이 래미안원베일리는 재건축 후 프리미엄이 60% 증가했는데, 일반적인 재건축 프리미엄이 0~60%인 점을 감안해서, 이 책에서는 그 중간값인 30% 재건축 프리미엄을 적용해 8년 후 가격으로 제시했다.

가격/인공지능	CLOVA X	Google Gemini	Microsoft Copilot	2032년 평균값 (재건축 준공 시, 재건축 프리미엄 30%)
압구정 신현대	96	118	110	108
신반포2차	80	101	91	90
잠실 주공5단지	50	55	53	52

* 단위는 억 원.

압구정 신현대아파트가 속한 압구정2구역 정비구역·정비계획 결정은 2024년 11월에 수정·가결됐다. 현재 압구정동 일대는 미성, 현대, 한양 등의 아파트 1만여 가구가 6개 구역으로 나뉘어 재건축을 추진하고 있다. 압구정2구역은 서울시에서 2023년 7월, 압구정2~5구역 신속통합기획을 확정한 후 16개월 만에 정비계획안을 수립해 심의를 완료했다.

이곳은 지난 1982년 준공 이후 42년이 경과돼 노후된 현대아파트를 재건축하는 사업지로 재건축을 통해 용적률 300% 이하, 12개 동 2,606가구(공공주택 321세대 포함), 최고 높이 250미터 이하 규모로 조성된다. 이에 따라 강남 요충지인 압구정동 일대에 70층 안팎의 초고층 아파트가 들어설 예정이다. 이 높이는 여의도 63빌딩(249m)과 비슷한 수준으로 주상복합이 아닌 아파트 단지 형태로 50층 이상이 심의를 통과한 첫 사례이다.

 조합에서 계획한 층고 3.5m로 단순 계산하면 71층까지 지을 수 있고, 압구정 2구역이 현재 31개 동, 최고 13층으로 이뤄진 것을 고려하면 재건축 후 동수는 3분의 1 수준으로 줄고, 층수는 5배 넘는 수준으로 올라간다.

 현재 압구정동 일대는 판상형 아파트로 획일적인 경관을 형성하고 있는데, 이번 압구정 아파트지구 내 첫 정비계획 결정을 통해 유연한 층수 계획과 디자인 특화동 계획 등을 통해 다양한 스카이라인과 한강수변과 어우러진 개성 있는 경관 창출을 기대할 수 있게 됐다.

 또 강남·북을 잇는 동호대교의 남단 논현로 주변은 20~39층으로 낮게 계획하여 한강변 관리계획에서 제시한 광역통경축을 형성화했고, 동시에 동호대교변의 도심부 진입경관거점을 조성할 수 있도록 주동 디자인 특화 구간을 설정해 상징적인 디자인 형태의 타워형 주동으로 계획됐다.

 신반포2차 재건축은 지하 4층, 지상 49층까지 12개 동, 공동주택 2,056가구와 부대복리시설을 짓는 대형 사업이다. 신반포2차 정비사업이 완료되면 아크로리버파크와 래미안원베일리에 이어 반포 한강변 스카이라인을 크게 바꿀 것으로 전망된다.

 신반포2차는 인근 래미안원베일리(35층)보다 상당히 높은 49층 랜드마크 아파트로 설계된다. 한강과 가까운 입지적 특징을 살리기 위해 모든 가구에서 한강 조망이 가능하도록 설계한다. 최하층 주택에서도 한강을 볼 수 있도록 전체 동에 6m(3층) 높이의 필로티 구조를 적용한다. 1층이 기존 4층 높이에 위치하는 것이다.

시공사로 선정된 현대건설은 건축계 노벨상이라 불리는 프리츠커상을 수상한 크리스티앙 드 포르장파르크, 일명 '포잠박'과 협업해 세라믹 외관을 국내 최초로 적용한 '디에이치 르블랑(The H Le Blanc)'을 지을 예정이다. 아파트 외벽에는 기존 아파트에 자주 사용되던 커튼 월룩 대신 고가의 이태리 세라믹 패널을 적용한 외관을 선보일 계획이다. 조감도에는 기존 공동주택의 익숙한 직사각형의 모양이 아닌 항아리를 연상케 하는 파사드 디자인이 적용됐다.

27평 이상 조합원 전원 1,595세대에는 광폭 테라스를 제공하고, 5레인 수영장과 수중 헬스시설, VIP 대여금고 형식의 금고실, 와인저장고, 매직유리 및 자동커튼 등도 국내 최초로 도입해 필자가 2장에서 설명한 과시적 소비형 아파트, 펜트하우스형 아파트의 모델이 될 것으로 보인다.

서울 송파구 잠실동은 2006년부터 2008년 사이에 입주한 '엘리트레파(엘스·리센츠·트리지움·레이크팰리스·파크리오)'로 대표되는 잠실 저층 재건축이 마무리된 지 15년 여 만에 재건축이 2라운드를 맞고 있다. 특히 잠실역 양옆으로 자리한 한강변 대단지인 잠실 주공5단지와 잠실 장미 1·2·3차 재건축에 관심이 모인다.

서울시는 2024년 9월 잠실 주공5단지 재건축 정비계획 결정안을 고시했다. 이에 따라 현재 30개 동, 3,930가구인 잠실 주공5단지는 재건축을 통해 최고 70층 높이, 6,491가구(조합원 및 일반 분양 5,680가구, 공공주택 811가구) 규모의 대단지 아파트로 탈바꿈하게 된다.

재건축 사업은 정비계획 수립 및 정비구역 지정, 조합설립 인가, 사업시행 인가, 관리처분계획 인가 등 과정을 거쳐 진행된다. 정비계획안이 고시됐다는 얘기는 사업이 준비단계를 넘어 본격 실행단계로 돌입했다는 뜻이다. 이 관문을 넘으면 잠실 주공5단지는 재건축의 7부 능선이라 불리는 사업시행 인가 신청 절차에 착수할 수 있다.

잠실역 주변 복합시설 용지 용도지역이 3종 일반주거에서 준주거지역으로 상향돼 20층부터 49층까지 다양한 동을 배치한다. 조합은 층수를 높이는 대신 아파트 동 개수를 줄이는 방향으로 설계해 동 간격을 넓힘으로써 4,000가구 이상이 한강을 조망할 수 있을 것으로 예상하고 있다. 이 경우 잠실 주공5단지는 재건축 후, 일반적인 재건축 프리미엄 30%를 넘어서 래미안원베일리처럼 60%의 프리미엄이 추가돼 필자의 예측보다 더 높은 가격에 도달할 가능성이 있다.

경기 침체 시 재건축 후 상계 13억, 분당 20억, 대치 40억, 압구정 60억

(2024.01.17. 게시글, cafe.naver.com/jaegebal/4948997)

앞에서는 '한국의 1인당 GNI가 지난 8년간 상승률과 동일한 비율로 향후 8년간 상승하는 경우' 즉, 경기가 상승하는 경우의 8년 후 재건축 아파트 가격(국평 기준)을 예측해 보았다.

반대로, 아래에서는 경기가 침체되는 경우를 가정해 '향후 8년간 경제성장률이 -20% 하락'하는 경우의 재건축 후 아파트 가격(국평 기준)을 인공지능에게 질문해 보았다. 이 글은 필자가 2024년 1월에 부동산 커뮤니티(cafe.naver.com/jaegebal/4948997)에 게재한 내용을 좀 더 보완한 것이다.

일본의 예를 보면 연평균 4~5%대를 보이던 1980년대 경제성장률이 1990년 들어 0%대까지 하락했고, 1994년에는 처음으로 마이너스 성장률(-0.34%)을 기록했다. 일본 경제는 버블 붕괴 이후 1992년부터 2008년까지 16년간 연평균 1.1% 성장한 것으로 나타나고 있는데, 우리나라도 한은이 2025년 성장률을 1.9%로 낮추어 잡고 있어서 향후 1%대 저성장 시대가 올 가능성이 높다. 전문가들은 소비와 투자 부진 등의 현상을 극복하지 못하면 한국이 일본식 장기불황을 겪을 가능성이 있다고 우려하고 있다. 일본은 1991년부터 대출 총량 규제를 도입했는데, 이후 매매 없이 호가만 높던 부동산이 본격적인 하락세로 돌아섰다는 점에서 현재 대출 규제가 심해지고 있는 우리나라 부동산 시장도 늘 경계해야 할 것이다.

① 지난 15년간 4세대 아파트의 대표 주자인 반포 자이, 잠실 리센츠 등의 상승률은 200~280%였다. ChatGPT는 경기 침체 시 향후 15년간 5세대, 50층 아파트의 상승률을 90%로 예측한다.

10년 이상의 장기적인 아파트 가격에 대한 통계는 미분양 주택 수, 주택 거래량, 전세 가격 상승률, 경매 낙찰가 등의 미시적인 지표나 지수로는 측정이 어려운 경우가 많다. 주택 가격의 장기적인 추세는 M2 통화량, 1인당 국민소득, 경제성장률, 아파트 매매 실거래가격지수 등의 거시적인 지표를 사용하는 것이 더 효과적이다.

이 글은 2024년부터 정비구역에 지정돼 향후 8~10년 사이에 준공 예정인 5세대, 50층 재건축 아파트(30~33평 기준)의 준공 후 가격을 예측해 보는 것인데, 이런 작업은 가격 폭이 너무 광범위해 의미가 없을 수 있다. 이런 점에서 아래서는 과거 15년간의 장기적인 추세에 기반해 향후 경기 침체 시 10년 후 50층 아파트의 가격 전망을 추론해 보기로 한다.

아파트 매수는 대출 등을 활용하기도 하지만 기본적으로 가처분 소득이 어느 정도 있는 사람만이 가능하다. 이런 점에서 보면 아파트 가격의 장기적인 추이에 대한 분석은 국민소득을 통해서 가능할 것이다. 우리나라 1인당 국민소득은 2006년 2,070만 원으로 이후 15년 만인 2021년 현재 두 배 상승했다. 원화를 기준해 보면 1인당 국민소득은 외환 위기였던 1998년(-2.3%)을 제외하고는 계속 상승했으며 코로나

19 사태가 닥쳤던 2020년 상승률이 0.6%로 가장 적었다.

국민 1인당 소득이 두 배에 이르는 동안 서울의 아파트값은 얼마나 올랐을까? 이를 위해 아파트 매매 실거래가격지수를 활용해 본다. 이 지수는 시장에서 실제 거래 후 신고된 아파트의 가격 수준과 변동률을 파악해 산출한 지수로, 시세를 반영한 아파트 매매가격지수보다 시장 동향을 더 정확히 보여 준다.

한국부동산원에 따르면 2021년 기준 서울 아파트 매매 실거래가격지수는 176.5로 2006년 1월(61.0)과 비교해 세 배 가까이 상승했다. 전국의 아파트 매매 실거래가격지수는 2021년 말에 140.3으로 2006년 1월(62.8) 대비 2.2배 올랐다.

15년 동안 국민소득이 100% 상승하는 동안에 전국의 아파트값은 100%, 서울의 아파트값은 150% 상승해 서울이 지방보다 더 많이 상승했음을 보여 준다. 이를 수도권 각 지역의 각 랜드마크 아파트와 비교하기 위해 15년간 가격 상승 폭을 보면 아래 표와 같다.

연도/상승률	2007년	2022년	상승률
1인당 국민소득(달러 기준)	약 21,000	약 33,000	+60%
경제성장률	5.8%	2.5%	-60%
4세대 잠실 리센츠 (이하 30~33평 기준)	6억 분양, 8억 시세	23억	+200%~280%
3세대 압구정 현대3차	12억	36억	+200%
3세대 대치 한보미도	12억	26억	+120%
3세대 분당 시범한양	6억	14억	+130%
3세대 상계 주공3단지	4억	9억	+120%

위 표에서 지난 15년간 최고의 상승률은 2006년에 분양해 2008년에 준공된, 4세대 아파트의 대표 주자인 반포 자이, 잠실 리센츠, 잠실 엘스 등으로 약 200~280%의 상승률을 기록했다. 이에 비해 3세대 아파트였던 압구정 현대가 200%, 기타 대치, 분당, 상계동 등의 대표 아파트들은 120% 내외 상승했다. 이 표에서 보면 새로운 세대의 아파트가 신축으로 등장한 후 15년간 가장 상승률이 높은 것을 알 수 있다. 아래서는 3세대에서 5세대로 탈바꿈해 향후 10년 후에 준공돼 각 지역에서 5세대 아파트 시대를 이끌어 갈 아파트들의 10년 후 시세를 예측해 보았다.

② ChatGPT의 계산에 따르면 경기 침체 시 5세대, 50층 아파트의 국평 가격은 10년 후 준공 시 압구정 현대3차 60억 원, 신반포4차 50억 원, 대치 한보미도 40억 원, 분당 시범한양 20억 원, 상계 주공3단지 13억 원대이다.

블룸버그 등 여러 경제 분석에 따르면 한국의 국민소득은 향후 45,000달러에서 70,000달러까지 다양하게 예측되므로 향후 15년간 국민소득이 40% 증가(약 45,000달러)하고, 경제성장률은 현재보다 -20% 하락한 약 2% 내외 성장한다고 가정한다.

이런 수치를 가지고 ChatGPT에게 "경제성장률이 -60% 하락, 1인당 GNI가 60% 상승할 때 상품 가격이 280% 상승하는 상관관계에 기반해, 경제성장률이 -20% 하락, 1인당 GNI가 40% 상승할 때 상품 가격의 상승률을 계산해 보세요."라고 질문하면 다음처럼 답변한다.

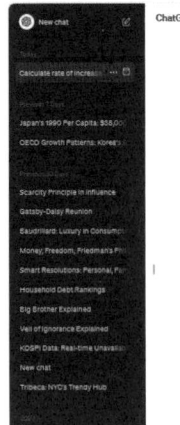

　위 답변에서 ChatGPT는 향후 15년간의 경제성장률과 국민소득이 과거 15년에 비해 하락한다는 전제하에 5세대 아파트의 향후 15년간 상승률을 93%로 예측하고 있다. 4세대 아파트인 잠실 리센츠나 엘스가 15년간 상승했던 200~280%에 비해서는 상당히 낮은 수치이다.

　ChatGPT의 계산에 따르면 압구정 현대3차 33평은 향후 15년 내에 2023년 말 현재 36억 원에서 약 70억 원대에 도달하고, 10년 후 준공 시 가격은 약 60억 원대가 예상된다. 향후 경기 침체가 온다면 압구정, 반포잠원동, 잠실동, 한남동은 압구정 현대3차의 기준에 맞추어 재건축이 완료되는 향후 10년 후 시세가 현재 가격에서 약 60% 상승할 수 있다.

　이 계산에 따르면 2023년 말을 기준해 10년 후 준공 시 신반포4차 34평의 가격은 30억 원에서 50억 원으로, 잠실 주공5단지는 25억 원에서 42억 원으로 예상된다.

　같은 원리로 향후 경기 침체 시 대치 한보미도, 분당, 상계동의 재건축 아파트 단지들의 15년 후 가격을 예측하기 위해 ChatGPT에게 "A상품이 200% 상승할 때 B상품이 120% 상승했다면 A상품이 90% 상승할 때 B상품은 몇 % 상승하나?"라고 질문하면 아래처럼 54%로 답변한다.

ChatGPT의 계산에 따르면 대치 한보미도 34평은 향후 15년 내에 2023년 말 현재 28억 원에서 약 43억 원에 도달하고, 10년 후 준공 시 가격은 약 40억 원대가 가능하다.

같은 원리로 계산하면 10년 후 가격은 30평을 기준해 분당 시범한양이 20억 원대, 상계 주공3단지가 13억 원대이다. 분당, 상계동에 노후도시특별법이 적용돼 용적률 500%, 50층 아파트가 가능해지고, 상승률이 강남과 같은 60%대가 되면 분당 시범한양이 2023년 말 현재 14억 원에서 23억 원, 상계 주공3단지가 9억 원에서 15억 원까지 가능할 듯하다.

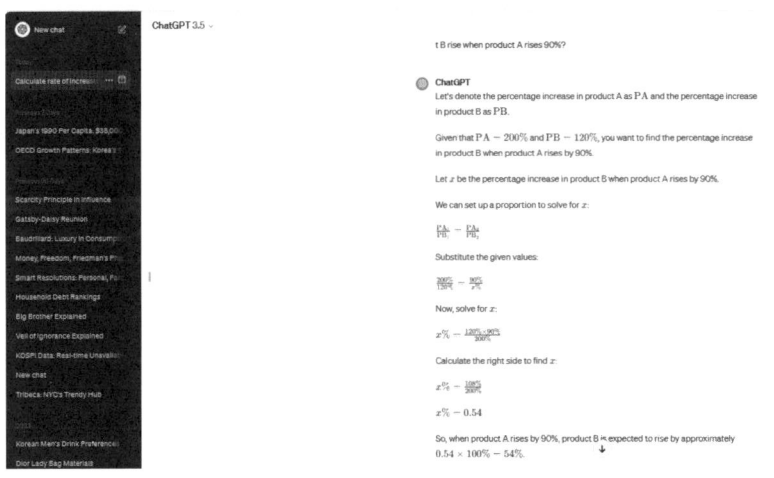

③ 경기 침체 시 10년 후 4세대 35층 아파트의 가격은 반포 자이가 43억 원, 잠실 엘스가 30억 원으로 예상된다.

위 표에서 지난 15년 상승률을 보면 4세대인 잠실 리센츠가 200~280% 상승할 때 3세대인 대치 한보미도 등은 120% 상승했다. 이 상관관계로 보면 구세대 아파트는 신세대 아파트의 상승률의 약 50% 상승하는 셈이다.

ChatGPT의 계산에 의하면 5세대인 신반포4차가 향후 15년간 90% 상승, 10년간 60% 상승해 2023년 말 현재 30억 원에서 10년 후 준공 시 약 50억 원대로 예상했다. 신세대인 신반포4차가 60% 상승할 때 구세대인 반포 자이는 30% 상승한다고 보면 되겠다.

이런 계산에 따르면 경기 침체 시 10년 후 4세대 아파트의 대표 주자들인 반포 자이 국평(35평)이 2023년 말 현재 33억 원에서 43억 원, 잠실 엘스가 23억 원에서 30억 원으로 추산된다. 현재 4세대 신축과 5세대 재건축의 향후 상승에 대한 전망은 부동산 전문가들 사이에서도 크게 엇갈린다.

위 계산에 따르면 경기 침체 시 10년 후 35층 4세대인 반포 자이가 2023년 말 현재 33억 원에서 43억 원, 잠실 엘스가 23억 원에서 30억 원까지 상승할 때 50층 5세대인 신반포4차가 2023년 말 현재 30억 원에서 50억 원대, 잠실 주공5단지는 26억 원에서 42억 원대로 상승할 것으로 예상된다.

압구정 한양1차 77억, 압구정 미성1차 76억

앞에서 강남3구의 대표적인 재건축 지역인 압구정, 반포, 잠실의 대표 단지인 압구정 신현대, 신반포2차, 잠실 주공5단지 아파트의 8년 후 재건축 후 가격을 인공지능을 이용해 도출해 보았다. 같은 분석법과 질문을 이용해서 아래서는 압구정동의 대표적인 재건축 단지인 한양1차, 미성1차의 8년 후 재건축 후 가격(국평 기준)을 살펴보기로 한다.

아래 질문에서 명시했듯이 아래 가격은 '한국의 1인당 GNI가 지난 8년간 상승률과 동일한 비율로 향후 8년간 상승하는 경우' 즉, 경기가 상승하는 경우를 전제로 하는 계산이다. 우리나라 경제가 일본의 잃어버린 30년처럼 경제성장률과 1인당 GNI 하락으로 인한 소비 감소, 투자 침체, 저금리, 디플레이션 상황에 들어서면 가격은 아래보다 낮을 것이다.

한양1차와 미성1차도 앞에서 살펴본 압구정 신현대, 신반포2차, 잠실 주공5단지 아파트와 마찬가지로 강남·한강권에 속하는데, 이 권역에서 현재 재건축이 완료된 지역은 반포동뿐으로 특히 래미안원베일리가 대표적인 입지라고 보아서 이 아파트의 상승 패턴에 기반해 가격을 도출했다.

한양1차와 미성1차는 압구정 신현대와 구현대 단지들의 대체재로 기능하므로 앞에서 계산한 압구정 신현대와 현재까지 가격 상승 비례율로 재건축 후 가격을 계산할 수도 있는데, 이런 방식의 결괏값은 래미안원베일리와 비교하는 결괏값과 큰 차이가 없어 보인다.

아파트 이름/연도	2016년	2024년	8년간 상승률 (%)	2028년 가격 (재건축 착공 시)	2032년 가격 (재건축 준공 시, 재건축 프리미엄 30%)
압구정 신현대(35평)	17억	46억	170	82억	108억
: 압구정 한양1차(31평)	14억	36억	157	59억	77억
: 압구정 미성1차(33평)	16억	37억	131	58억	76억
래미안원베일리 (34평, 구 경남아파트)	14억	50억	257		

* 단위는 억 원. 위 가격은 매년 8월 기준.
* ':' 부호 표시는 대체재로 기능하는 아파트를 의미한다.

위 표의 가격은 인공지능에게 다음과 같이 질문해 나온 결괏값이다. 래미안원베일리는 재건축 후 프리미엄이 60% 증가했는데, 일반적인 재건축 프리미엄이 0~60%인 점을 감안해서, 다음에서는 그 중간값인 30% 재건축 프리미엄을 적용해 8년 후 가격으로 제시한다.

[질문]

한국의 아파트 가격은 1인당 GNI의 상승률에 비례한다고 전제한다. 2016년부터 2024년까지 8년 동안 한국의 1인당 GNI는 7천 달러 증가했는데, 2025년부터 2032년까지 8년 동안 한국의 1인당 GNI는 7천 달러 증가한다고 가정한다.

한국의 아파트 가격은 1단계(최초에 건축된 뒤 20년 이상이 지난 구축 단계), 2단계(재건축을 위해 기존의 건물을 허무는 착공 단계), 3단계(재건축이 완료돼 앞의 2단계 가격에 60%의 프리미엄이 추가된 단계)의 공식이 적용된다.

예를 들어 3단계까지 완료된 한국의 래미안원베일리 아파트는 1단계(2016년 8월)의 14억 원에서 2단계(2020년 8월)에는 약 31억 원까지 상승했고, 3단계(2024년 8월)에서는 60% 프리미엄이 추가돼 약 50억 원까지 상승했다. 위의 공식을 적용해 아래 아파트들의 2단계, 3단계 가격을 구하려고 한다.

1단계(2016년 8월부터 2024년 8월까지)의 8년 동안에 압구정 한양1차 아파트는 14억 원에서 36억 원으로 상승, 압구정 미성1차 아파트는 16억 원에서 37억 원으로 상승했다.

압구정 한양1차, 압구정 미성1차 아파트 가격은 1단계(2016년 8월부터 2024년 8월까지)의 연간 상승률과 동일한 비례율로 2단계(2024년 9월부터 2028년 9월)까지 상승한다고 가정한다. 계산한 수식을 포함해 아래 질문에 답변해.

질문 ①

먼저 압구정 한양1차, 압구정 미성1차 아파트의 1단계 상승률(8년간 상승률)을 구한 다음에, 이 기간 동안 상승률을 8년으로 나누어서 1년간 상승률을 구해.

질문 ②

위 질문 ①에서 구한 1년간 상승률의 4배가 2단계의 4년간 상승률이다. 1단계 가격에 2단계 4년간의 상승률을 곱해서 압구정 한양1차, 압구정 미성1차 아파트의 2단계(2024년 9월부터 2028년 9월) 가격을 알려 줘.

질문 ③

위 질문 ②의 가격에 30% 프리미엄을 추가한, 압구정 한양1차, 압구정 미성1차 아파트의 3단계(2032년 9월) 가격을 알려 줘.

질문 ④

위 질문 ②의 가격에 60% 프리미엄을 추가한, 압구정 한양1차, 압구정 미성1차 아파트의 3단계(2032년 9월) 가격을 알려 줘.

인공지능이 답변한 계산식을 나열하면 다음과 같다.

[CLOVA X 답변]

질문 ①

압구정 한양1차 아파트:

- 1단계 상승률 = ((36억 원 - 14억 원) / 14억 원) × 100 = 157.14%
- 1년간 상승률 = (157.14% / 8년) = 19.64%

압구정 미성1차 아파트:

- 1단계 상승률 = ((37억 원 - 16억 원) / 16억 원) × 100 = 131.25%
- 1년간 상승률 = (131.25% / 8년) = 16.41%

질문 ② 위에서 구한 1년간 상승률의 4배를 2단계의 4년간 상승률로 하여, 압구정 한양1차와 압구정 미성1차 아파트의 2단계 가격을 구하는 방법은 다음과 같습니다.

압구정 한양1차 아파트:

- 2단계 4년간 상승률 = 19.64% × 4 = 78.56%
- 2단계 가격 = 36억 원 × (1 + 0.7856) = 59.7408억 원

압구정 미성1차 아파트:

- 2단계 4년간 상승률 = 16.41% × 4 = 65.64%
- 2단계 가격 = 37억 원 × (1 + 0.6564) = 61.4658억 원

질문 ③ 위 질문 ②의 가격에 30% 프리미엄을 추가하여, 압구정 한양1차와 압구정 미성1차 아파트의 3단계 가격을 구하는 방법은 다음과 같습니다.

압구정 한양1차 아파트:

- 3단계 가격 = 59.7408억 원 × (1 + 0.3) = 77.5872억 원

압구정 미성1차 아파트:

- 3단계 가격 = 61.4658억 원 × (1 + 0.3) = 79.95906억 원

질문 ④ 위 질문 ②의 가격에 60% 프리미엄을 추가하여, 압구정 한양1차와 압구정 미성1차 아파트의 3단계 가격을 구하는 방법은 다음과 같습니다.

압구정 한양1차 아파트:

- 3단계 가격 = 59.7408억 원 × (1 + 0.6) = 95.90512억 원

압구정 미성1차 아파트:

- 3단계 가격 = 61.4658억 원 × (1 + 0.6) = 97.89588억 원

[Google Gemini 답변]

1단계 상승률 계산

압구정 한양1차: (36억 원 - 14억 원) / 14억 원 = 1.5714(약 157.14%)

압구정 미성1차: (37억 원 - 16억 원) / 16억 원 = 1.3125(약 131.25%)

연간 상승률:

- 한양1차: 157.14% / 8년 = 19.64%
- 미성1차: 131.25% / 8년 = 16.41%

2단계 가격 계산

2단계 상승률: 연간 상승률 × 4년
- 한양1차: 19.64% × 4 = 78.56%
- 미성1차: 16.41% × 4 = 65.64%

2단계 가격: 1단계 가격 * (1 + 2단계 상승률)
- 한양1차: 36억 원 × (1 + 0.7856) = 약 64.28억 원
- 미성1차: 37억 원 × (1 + 0.6564) = 약 61.23억 원

3단계 가격 계산
- 30% 프리미엄:
  - 한양1차: 64.28억 원 × 1.3 = 약 83.56억 원
  - 미성1차: 61.23억 원 × 1.3 = 약 79.60억 원
- 60% 프리미엄:
  - 한양1차: 64.28억 원 × 1.6 = 약 102.85억 원
  - 미성1차: 61.23억 원 × 1.6 = 약 97.97억 원

제시된 가정과 모델을 바탕으로 계산한 결과, 압구정 한양1차와 미성1차 아파트의 2032년 9월 예상 가격은 다음과 같습니다. 60% 프리미엄이 적용될 경우 한양1차는 약 102.85억 원, 미성1차는 약 97.97억 원에 이를 것으로 예상됩니다.

[Microsoft Copilot 답변]

압구정 한양1차 아파트

1단계 상승률(8년간 상승률) 및 연간 상승률 계산

- 2016년 8월에서 2024년 8월까지: 14억 원 → 36억 원
- 8년간 상승률 = (36억 원 / 14억 원) - 1 = 1.5714 = 157.14%
- 연간 상승률 = 1.5714 ^ (1 / 8) - 1 ≈ 12.08%

2단계(2024년 9월부터 2028년 9월) 가격 계산

- 2단계 4년간 상승률 = (1 + 0.1208) ^ 4 - 1 ≈ 57.28%
- 2단계 가격 = 36억 원 × (1 + 0.5728) ≈ 56.62억 원

3단계(2032년 9월) 가격 계산(30% 프리미엄 포함)

- 3단계 가격(30% 프리미엄) = 56.62억 원 × 1.30 ≈ 73.61억 원

3단계(2032년 9월) 가격 계산 (60% 프리미엄 포함)

- 3단계 가격(60% 프리미엄) = 56.62억 원 × 1.60 ≈ 90.59억 원

압구정 미성1차 아파트

1단계 상승률(8년간 상승률) 및 연간 상승률 계산

- 2016년 8월에서 2024년 8월까지: 16억 원 → 37억 원
- 8년간 상승률 = (37억 원 / 16억 원) - 1 = 1.3125 = 131.25%
- 연간 상승률 = 1.3125 ^ (1 / 8) - 1 ≈ 10.37%

2단계(2024년 9월부터 2028년 9월) 가격 계산
- 2단계 4년간 상승률 = (1 + 0.1037) ^ 4 - 1 ≈ 46.11%
- 2단계 가격 = 37억 원 * (1 + 0.4611) ≈ 54.11억 원

3단계(2032년 9월) 가격 계산(30% 프리미엄 포함)
- 3단계 가격(30% 프리미엄) = 54.11억 원 × 1.30 ≈ 70.34억 원

3단계(2032년 9월) 가격 계산(60% 프리미엄 포함)
- 3단계 가격(60% 프리미엄) = 54.11억 원 × 1.60 ≈ 86.57억 원

아래는 위에서 세 가지 인공지능들이 답변한 압구정 한양1차, 압구정 미성1차 아파트의 2028년 평균값을 계산한 표이다.

가격/인공지능	CLOVA X	Google Gemini	Microsoft Copilot	2028년 평균값
압구정 신현대	73	90	85	82
압구정 한양1차	59	64	56	59
압구정 미성1차	61	61	54	58

* 단위는 억 원.

아래는 인공지능들이 답변한 압구정 한양1차, 압구정 미성1차 아파트의 2032년 평균값(재건축 프리미엄 30% 기준)을 계산한 표이다. 앞에서 설명했듯이 래미안원베일리는 재건축 후 프리미엄이 60% 증가했는데, 일반적인 재건축 프리미엄이 0~60%인 점을 감안해서, 이 책에서는 그 중간값인 30% 재건축 프리미엄을 적용해 8년 후 가격으로 제시했다.

가격/인공지능	CLOVA X	Google Gemini	Microsoft Copilot	2032년 평균값 (재건축 준공 시, 재건축 프리미엄 30%)
압구정 신현대	96	118	110	108
압구정 한양1차	77	83	73	77
압구정 미성1차	79	79	70	76

* 단위는 억 원.

강남구 압구정동 490번지 일대에 있는 압구정5구역은 한양1차와 한양2차로 구성돼 있다. 1977~1978년 준공된 압구정 5구역은 지상 12~13층, 1,232가구의 중층 재건축 단지다. 압구정 구역 중에서 유일하게 20평대 소형이 있는 단지이기도 하다.

2024년 9월 강남구청이 고시한 압구정5구역 재건축 정비계획 변경안에 따르면 이곳은 최고 70층 이하, 1,401가구로 재건축될 예정이다. 재건축을 통해 169가구가 늘어나는데, 일반 분양 물량은 57㎡ 29가구이고, 나머지 140가구는 같은 평형의 공공주택으로 예정됐다. 전체 가구 중 84㎡ 이하가 950가구로 전체의 67.8%를 차지한다.

압구정 한양1차는 수인분당선 압구정로데오역 초역세권 단지이고, 갤러리아백화점도 편리하게 이용할 수 있어 역세권과 한강권이라는 이중 효과를 누리는 단지이다. 한강 사이로 성수동 서울숲과 마주하고 있어 초고층으로 재건축 뒤에는 한강과 함께 서울숲 조망도 확보할 것으로 보인다. 이 밖에도 5구역은 한양1차와 2차 모두 한강변과 접하고 있어 한강 조망권에 따른 재건축 후 프리미엄이 높아질 것으로 보인다.

압구정 아파트지구 재건축은 지구단위계획으로 지정돼 1~6구역으로 나눠 진행되고 있다. 이 중 2~5구역은 서울시의 신속통합기획을 통해 최고 층수를 70층으로 하는 정비계획안을 입안하는 등 속도가 빠르다. 이들 구역은 주민 의견수렴 절차를 거쳐 도시계획위원회에 상정, 심의가 이뤄지는 중이다.

이에 반해 미성1·2차로 구성된 압구정1구역은 오래전부터 통합 재건축 논의 때문에 사업이 지연되고 있다. 두 단지는 총 가구 수와 용적률 차이가 커 통합이 쉽지 않다. 미성1차는 용적률이 153%로 사업성이 높지만, 총 가구 수는 322가구로 적다. 반면 미성2차는 총 911가구로 1차에 비해 3배 가까이 많지만, 용적률은 233%로 사업성이 낮다. 이로 인해 미성1차 소유주들은 통합 논의가 미성2차에 유리한 방향으로만 끌려갈 것을 우려하고 있다.

미성1차와 2차로 구성된 압구정1구역은 도시 전반의 발전 방향을 고려해 하나의 지구단위계획으로 묶여 있다. 이 때문에 재건축도 통합해 추진했고, 추진위원회도 만들어졌다. 하지만 통합 방식에 이견이 생기면서 2021년 논의가 중단됐고, 이후 3년간 진척이 없었다. 그사이 미성1차는 단독재건축으로 선회해 재건축을 시도해 왔다. 미성1차가 분리 재건축을 인정해 달라며 강남구청을 상대로 제기한 소송의 1심 결과가 2024년 말쯤에 나오면, 그 결과에 따라 두 단지의 재건축 논의 향방도 크게 달라질 전망이다. 통합재건축 추진위원회는 미성1차의 단독재건축이 어렵다는 1심 판단이 나오면 본격적인 통합 논의를 시도하겠다는 계획이다.

잠실 우성1·2·3차 44억, 잠실 장미1차 42억

앞에서 강남3구의 대표적인 재건축 지역인 압구정, 반포, 잠실의 대표 단지인 압구정 신현대, 신반포2차, 잠실 주공5단지 아파트의 8년 후 재건축 후 가격을 인공지능을 이용해 도출해 보았다. 같은 분석법과 질문을 이용해서 아래서는 잠실의 대표적인 재건축 단지인 잠실 우성 1·2·3차, 잠실 장미1차의 8년 후 재건축 후 가격(국평 기준)을 살펴보기로 한다.

아래 질문에서 명시했듯이 아래 가격은 '한국의 1인당 GNI가 지난 8년간 상승률과 동일한 비율로 향후 8년간 상승하는 경우' 즉, 경기가 상승하는 경우를 전제로 하고, 그 결과 압구정 신현대, 신반포2차, 잠실 주공5단지 아파트의 가격이 아래 표처럼 상승하는 경우의 계산이다. 우리나라 경제가 일본의 잃어버린 30년처럼 경제성장률과 1인당 GNI 하락으로 인한 소비 감소, 투자 침체, 저금리, 디플레이션 상황에 들어서면 가격은 아래보다 낮을 것이다.

잠실 우성1·2·3차, 잠실 장미1차도 앞에서 살펴본 압구정 신현대, 신반포2차, 잠실 주공5단지 아파트와 마찬가지로 강남·한강권에 속하는데, 이런 경우에는 앞에서 분석한 압구정 한양1차와 미성1차처럼 래미안원베일리 아파트의 상승 패턴에 기반해 가격을 도출하면 된다.

그런데 아래 표에서 보듯 잠실 우성1·2·3차, 잠실 장미1차는 2016

년 이후 잠실 주공5단지와 일정한 비율로 가격 차이를 유지하고 있어 잠실 주공5단지의 대체재로 기능한다고 볼 수 있는 반면, 가격 상승률이 잠실 주공5단지보다 더 높아서 과거 8년의 가격 상승률로 향후 8년의 가격을 예측하면 우성1·2·3차와 장미1차가 잠실 주공5단지보다 높을 것이다. 이 경우는 대체재 아파트가 빠르게 가격 차이를 좁혀 왔지만 현재도 잠실 주공5단지가 더 높은 가격을 유지하고 있으므로 재건축 후에도 이 비율이 유지된다고 보아야 한다. 따라서 이런 경우의 아파트 비교는 아래와 같은 질문이 적절하다.

아래 표에서 '∵' 부호 표시는 대체재로 기능하는 아파트를 의미한다. 경제학에서 대체재(代替財, substitute good)는 어느 한 재화가 다른 재화와 비슷한 유용성을 가지고 있어 한 재화의 가격이 상승하면 다른 재화의 수요가 증가하는 경우이다. 이들은 서로 대체관계에 있다고 말하며 이러한 대체관계에 있는 재화를 다른 재화의 대체재라고 한다. 잠실 주공5단지를 매수하지 못하는 경우 우성1·2·3차와 장미1차를 매수하는 투자자가 있다는 점에서 서로를 대체관계로 본다.

강남3구·한강권 재건축 아파트들의 준공 후 가격 표준으로 삼은 래미안원베일리는 재건축 후 프리미엄이 60% 증가했는데, 일반적인 재건축 프리미엄이 0~60%인 점을 감안해서, 아래서는 그 중간값인 30% 재건축 프리미엄을 적용해 8년 후 가격으로 제시한다.

래미안원베일리의 경우 필자가 주장하듯 서울시의 한강 르네상스 정책의 영향을 받아 재건축 후 프리미엄이 60%까지 상승한 점을 고려하면, 같은 한강 르네상스 권역에 속하는 잠실 주공5단지, 잠실 우성1·2·3차, 잠실 장미1차 아파트들도 2032년에 재건축 후 착공 시 가격의 60%까지 상승할 여지가 있다. 이 경우 세 아파트의 예상 가격은 아래처럼 높아질 것이다.

아파트 이름/연도	2016년	2024년	8년간 상승률 (%)	2028년 가격 (재건축 착공 시)	2032년 가격 (재건축 준공 시, 재건축 프리미엄 30%)	2032년 가격 (재건축 준공 시, 재건축 프리미엄 60%)
압구정 신현대 (35평)	17억	46억	170	82억	108억	
반포 신반포2차 (35평)	15억	39억	160	69억	90억	
잠실 주공5단지 (34평)	13억	27억	108	40억	52억	64억
: 잠실 장미1차 (32평)	9억	22억	144	32억	42억	52억
: 잠실 우성1·2·3차 (31평)	11억	23억	109	34억	44억	54억

* 단위는 억 원. 위 가격은 매년 8월 기준.
* ':' 부호 표시는 대체재로 기능하는 아파트를 의미한다.

위 표의 가격은 인공지능에게 다음과 같이 질문해 나온 결괏값이다.

[질문]

한국의 아파트 가격은 경쟁하는 아파트들 간에 일정한 비례율을 유지하면서 상승하는 경향이 있다.

2024년 8월 현재 가격은 잠실 주공5단지 아파트가 27억 원, 잠실 장미아파트는 22억 원, 잠실 우성아파트는 23억 원이며, 이들은 2032년 8월까지 현재의 비례율로 상승한다고 가정한다. 계산한 수식을 포함해 아래 질문에 답변해.

질문 ①

2024년 8월을 기준해 4년 후인 2028년 8월에 잠실 주공5단지가 40억 원에 도달하면, 잠실 장미아파트와 잠실 우성아파트 가격은 각각 얼마가 될 것인가?

질문 ②

2024년 8월을 기준해 8년 후인 2032년 8월에 잠실 주공5단지가 52억 원에 도달하면, 잠실 장미아파트와 잠실 우성아파트 가격은 각각 얼마가 될 것인가?

인공지능이 답변한 계산식을 나열하면 다음과 같다. 이 질문은 아주 단순한 계산식이어서 다음 세 가지 인공지능의 답변이 거의 일치한다.

[CLOVA X 답변]

현재 세 아파트의 가격은 다음과 같은 비례식으로 나타낼 수 있습니다.

잠실5단지 : 잠실 장미 : 잠실 우성 = 27억 원 : 22억 원 : 23억 원

이를 통해 각 아파트의 가격을 x배 했을 때의 가격을 구할 수 있습니다.

잠실5단지의 가격이 4년 후인 2028년 8월에 40억 원이 된다면, 현재 가격 대비 약 1.4857배 증가한 것입니다. 따라서 잠실 장미아파트와 잠실 우성아파트의 가격도 각각 1.4857배 증가하게 됩니다. 이를 계산하면:

- 잠실 장미아파트: 22억 원 × 1.4857 ≈ 32.9754억 원
- 잠실 우성아파트: 23억 원 × 1.4857 ≈ 34.4971억 원

잠실5단지의 가격이 8년 후인 2032년 8월에 52억 원이 된다면, 현재 가격 대비 약 1.9219배 증가한 것입니다. 따라서 잠실 장미아파트와 잠실 우성아파트의 가격도 각각 1.9219배 증가하게 됩니다. 이를 계산하면:

- 잠실 장미아파트: 22억 원 × 1.9219 ≈ 42.4058억 원
- 잠실 우성아파트: 23억 원 × 1.9219 ≈ 44.7947억 원

따라서, 4년 후에는 잠실 장미아파트와 잠실 우성아파트의 가격이 각각 약 33억 원과 약 34억 원이 될 것이며, 8년 후에는 각각 약 42억 원과 약 45억 원이 될 것입니다.

[Google Gemini 답변]

문제 분석 및 가정

문제:
- 잠실 아파트 3곳의 가격 상승률이 비례적이라는 가정하에, 특정 시점의 잠실 주공5단지 가격이 주어졌을 때 다른 아파트의 가격을 예측하는 문제입니다.

가정:
- 모든 아파트의 가격 상승률이 동일합니다.
- 외부 요인에 의한 가격 변동은 고려하지 않습니다.
- 비례율은 시간이 지나도 변하지 않습니다.

문제 해결을 위한 수식 설정

변수 설정:
- A: 잠실 주공5단지 아파트 가격
- B: 잠실 장미아파트 가격
- C: 잠실 우성아파트 가격
- t: 시간(년)
- k: 비례 상수

수식:
- 2024년 8월 기준:
  - A = 27억
  - B = 22억
  - C = 23억

- 일반적인 식:
  - B = k * A
  - C = m * A (m은 또 다른 비례 상수)

비례 상수 구하기

- 2024년 8월의 비례 상수:
- k = B / A = 22억 / 27억 ≈ 0.815
- m = C / A = 23억 / 27억 ≈ 0.852

질문에 대한 답변

질문 ① 2028년 8월에 잠실 주공5단지가 40억 원에 도달하면, 잠실 장미아파트와 잠실 우성아파트 가격은 각각 얼마가 될 것인가?

- 잠실 장미아파트: 40억 × 0.815 ≈ 32.6억
- 잠실 우성아파트: 40억 × 0.852 ≈ 34.08억

질문 ② 2032년 8월에 잠실 주공5단지가 52억 원에 도달하면, 잠실 장미아파트와 잠실 우성아파트 가격은 각각 얼마가 될 것인가?

- 잠실 장미아파트: 52억 × 0.815 ≈ 42.38억
- 잠실 우성아파트: 52억 × 0.852 ≈ 44.304억

[Microsoft Copilot 답변]

먼저, 잠실 주공5단지 아파트(잠실 주공5단지), 잠실 장미아파트(잠실 장미), 잠실 우성아파트(잠실 우성)의 2024년 8월 기준 가격을 사용해 각 아파트 사이의 비례율을 구하겠습니다:

- 잠실 주공5단지: 27억 원
- 잠실 장미: 22억 원
- 잠실 우성: 23억 원

비례율을 계산해 보겠습니다:

- 잠실 주공5단지와 잠실 장미의 비례율: 27억 ÷ 22억 = 1.227
- 잠실 주공5단지와 잠실 우성의 비례율: 27억 ÷ 23억 = 1.174

이제 각 질문에 대해 계산해 보겠습니다.

질문 ① 2028년 8월에 잠실 주공5단지가 40억 원에 도달할 경우 잠실 장미와 잠실 우성의 가격을 비례율로 계산해 봅시다:

- 잠실 장미의 가격: 40억 ÷ 1.227 = 32.6억 원
- 잠실 우성의 가격: 40억 ÷ 1.174 = 34.1억 원

질문 ② 2032년 8월에 잠실 주공5단지가 52억 원에 도달할 경우 잠실 장미와 잠실 우성의 가격을 비례율로 계산해 봅시다:

- 잠실 장미의 가격: 52억 ÷ 1.227 = 42.4억 원
- 잠실 우성의 가격: 52억 ÷ 1.174 = 44.3억 원

계산한 수식을 포함하여 다시 정리하겠습니다:
- 잠실 장미아파트 가격 = 잠실 주공5단지 가격 ÷ 1.227
- 잠실 우성아파트 가격 = 잠실 주공5단지 가격 ÷ 1.174

정리

2028년 8월에 잠실 주공5단지가 40억 원에 도달하면:
- 잠실 장미아파트 가격: 32.6억 원
- 잠실 우성아파트 가격: 34.1억 원

2032년 8월에 잠실 주공5단지가 52억 원에 도달하면:
- 잠실 장미아파트 가격: 42.4억 원
- 잠실 우성아파트 가격: 44.3억 원

아래는 인공지능들이 답변한 잠실 우성1·2·3차, 잠실 장미1차 아파트의 2032년 평균값을 계산한 표이다.

가격/인공지능	CLOVA X	Google Gemini	Microsoft Copilot	2032년 평균값
잠실 우성1·2·3차	44	44	44	44
잠실 장미1차	42	42	42	42

* 단위는 억 원.

2023년 9월에 서울시는 잠실 우성1·2·3차 재건축 정비계획 변경(안)을 수정 가결했다. 이 단지는 같은 송파구 '올림픽 3대장'으로 불리는 올림픽훼밀리타운, 올림픽선수기자촌, 아시아선수촌 등과 가깝고 각종

개발 호재로 수요자와 투자자 모두의 관심을 끌어 왔다.

잠실 우성1·2·3차는 지하철 2호선 종합운동장역 남측에 위치해 탄천과 인접해 있다. 1981년 준공된 29개 동 1,842가구 규모의 노후 단지인데, 이번 결정을 통해 용적률 299.93% 이하, 지상 최고 49층 공동주택 2,680가구(공공주택 342가구 포함) 규모의 대단지로 재탄생한다.

잠실 우성1·2·3차는 지하철 2호선·9호선 환승역인 종합운동장역이 가깝고 올림픽대로·영동대로 진출입이 편리해 교통환경이 우수하다. 탄천을 끼고 강남구 삼성동으로의 접근이 쉽고 영동대로 일대·현대차 신사옥(GBC) 건축·잠실스포츠·마이스(MICE) 복합공간 조성 등 주변의 개발 호재로 재건축이 완료될 경우 반포 재건축에 버금가는 재건축 프리미엄을 누릴 것으로 보인다.

잠실 한강변 마지막 재건축 단지인 잠실 장미1·2·3차는 통합 재건축을 추진 중이다. 이 아파트는 입지나 규모가 주공5단지와 거의 비슷해 잠실 일대에선 재건축 투톱으로 꼽힌다. 서울시는 2024년 8월 잠실 장미1·2·3차에 대해 신속통합기획을 확정하고 최고 49층, 4,800가구 아파트로 재건축하겠다는 구상을 제시했다. 단지 대부분이 한강과 맞닿아 있다는 점을 활용해 60~70%의 가구가 한강 조망이 가능하도록, 나머지 가구는 남향으로 계획됐다.

장미1·2·3차의 경우 상가와 아파트 구성원들이 사업 방식을 두고 갈등이 심해 향후 추이를 주시해야 한다. 잠실 장미 상가는 장미종합상가 A, B동과 잠실나루역 앞 장미전철상가(C동)로 이루어져 있다. A, B동은 지하 1층~지상 5층, 500여 개 점포가 입점한 대규모 상가다. 일부 상가조합원들은 재건축 시 상가 위치를 현재의 C동 쪽으로 옮기는 신통기획안에 불만이 큰 상태다.

잠실은 '엘리트레파'로 불리는 잠실동 잠실 엘스, 리센츠, 트리지움, 레이크팰리스와 신천동 파크리오가 2006~2008년 준공한 이후 20년 가까이 신축 대단지 공급이 없었다. 잠실 재건축 추진 아파트 중 규모가 가장 크고 입지도 좋은 잠실 주공5단지와 잠실 장미1·2·3차의 정비 윤곽이 최근 들어 선명해지며 일대 재건축이 주목을 받고 있다.

앞의 3장에서는 압구정 신현대(현대9·11·12차), 신반포2차, 잠실 주공5단지 아파트 등 강남3구·한강권에 속하는 주요 재건축 단지들(국평 기준)의 가격 변동과 향후 가격 예측을 살펴보았다. 이어서 여기에서는 개포동, 대치동에 속하는 아파트들의 재건축 후 시세를 예측해 본다.

개포동은 오래전부터 대치동의 학군지의 영향을 받아 대치동과 함께 일정한 비례율로 가격을 형성해 왔다. 이런 점에서 개포·대치권의 재건축 아파트들의 8년 후 준공 후 가격은 가장 최근에 재건축된 개포 자이프레지던스(구 개포 주공4단지)의 가격 상승을 기준해 미래 가격을 예측해 보기로 한다.

4장
재건축아파트 가격 예측
(개포·대치권)

대치 한보미도맨션 68억, 개포 주공5단지 60억

아래 인공지능에게 주어진 설문에 명시된 대로 여기 가격은 '한국의 1인당 GNI가 지난 8년간 상승률과 동일한 비율로 향후 8년간 상승하는 경우' 즉, 경기가 상승하는 경우를 전제로 하는 계산이다. 우리나라 경제가 일본의 잃어버린 30년처럼 경제성장률과 1인당 GNI 하락으로 인한 소비 감소, 투자 침체, 저금리, 디플레이션 상황에 들어서면 가격은 아래보다 낮을 것이다.

아래 표는 필자가 계산한, 대치 한보미도맨션, 개포 주공5단지 등 개포·대치권에 속하는 주요 재건축 단지들(국평 기준)의 가격 변동과 향후 가격 예측이다. 재건축은 8년 후, 2032년에 준공을 예상하고 계산했는데, 3장에서 압구정 신현대, 신반포2차, 잠실 주공5단지 등 강남·한강권 아파트의 가격 기준으로 삼은 반포동 래미안원베일리 아파트 대신에 개포·대치권의 경우 개포 자이프레지던스를 가격 기준으로 삼았다.

개포동에서 2020년 이후 준공된 단지의 재건축 후 가격(국평 기준)을 보면 디에이치퍼스티어아이파크(구 개포 주공1단지, 2023년 11월 준공)가 약 30억 원대, 디에이치아너힐즈(구 개포 주공3단지, 2019년 8월 준공)가 약 33억 원대, 개포동 개포 자이프레지던스(구 개포 주공4단지, 2023년 2월 준공)가 약 32억 원대에서 2024년 8월 현재 거래 중이다. 이들 중에서 착공 전 시세, 준공 연도 등을 보면 개포 자이프레지던스가 3장에서 미래 가격 기준으로 삼은 반포 래미안원베일리와 가장 유사해서 이 단지를 개포·대치권의 가격 기준으로 제시한다.

개포 자이프레지던스는 2020년에 착공했는데, 2020년 12월의 거래가 15억 원대에서 이루어지고 있었다. 재건축의 마지막 단계였던 2016년의 시세는 11, 13, 15평이 8~10억 사이였는데, 재건축 후 34평 배정 시에 10~12억 원의 추가 분담을 예상한 거래였다. 이 단지는 2022년 전까지 추분을 포함해 33평의 입주권 가격이 25억 원대에서 거래됐고, 준공 후 2024년 8월 현재 32억 원대이므로 재건축에 따른 프리미엄이 30%인 셈이다.

3장에서 강남·한강권 재건축 아파트의 준공 후 가격 기준으로 삼은 반포동 래미안원베일리 아파트는 2020년 착공 시 31억에서 준공 후에 재건축 프리미엄 60%가 추가돼 2024년 8월 현재 50억 원에 달하고, 최대 60억까지 거래(1건)됐었다. 이 한 건의 거래로 기존의 프리미엄 60%에 40%의 프리미엄이 추가돼 착공 시 31억 가격을 기준해 보면 준공 후 약 100%의 프리미엄이 추가됐는데, 이런 가격 상승은 그동안 사례로 보면 매우 이례적이다. 그런 점에서 필자는 이 40%의 프리미엄은 서울시가 추진하는 '한강 르네상스' 정책에 따라 여의도동, 압구정동, 이촌동, 반포동, 잠실동, 성수동 등 한강변에 50~70층의 초고층 아파트들이 밀집되는데 따른 현상으로 보아 '한강 르네상스' 프리미엄이라고 주장했었다.

착공 시 가격과 이후 준공 후 가격의 비교로 보면 강남3구·한강권의 표준인 래미안원베일리가 100%인 것에 반해 개포·대치권의 개포 자이프레지던스는 30%에 머물고 있어서 상대적으로 약세로 보인다.

아파트 이름/연도	2016년	2024년	8년간 상승률(%)	2028년 가격 (재건축 착공 시)	2032년 가격 (재건축 준공 시, 재건축 프리미엄 30%)
* 개포 자이프레지던스 (34평, 구 주공4단지)	9억	32억	255		
개포 주공5단지(35평)	12억	28억	133	46억	60억
개포 주공6단지(32평)	13억	27억	107		
개포 주공7단지(34평)	10억	28억	180		
: 개포 우성3차(33평)	10억	24억	140	37억	50억
대치 한보미도맨션 (34평)	14억	32억	128	52억	68억
대치 선경1·2차(30평)	14억	31억	121		
: 대치 은마(30평)	11억	24억	118	35억	46억
: 대치 쌍용1차	10억	24억	140		

* 단위는 억 원. 위 가격은 매년 8월 기준.
* ':' 부호 표시는 대체재로 기능하는 아파트를 의미한다.

필자가 제시한 질문과 이에 대해 인공지능이 답변한 계산식을 나열하면 다음과 같다.

[질문]

한국의 아파트 가격은 1인당 GNI의 상승률에 비례한다고 전제한다. 2016년부터 2024년까지 8년 동안 한국의 1인당 GNI는 7천 달러 증가했는데, 2025년부터 2032년까지 8년 동안 한국의 1인당 GNI는 7천 달러 증가한다고 가정한다.

한국의 아파트 가격은 1단계(최초에 건축된 뒤 20년 이상이 지난 구축 단계), 2단계(재건축을 위해 기존의 건물을 허무는 착공 단계), 3단계(재건축이 완료돼 앞의 2단계 가격에 30%의 프리미엄이 추가된 단계)의 공식이 적용된다.

예를 들어 3단계까지 완료된 한국의 개포 자이프레지던스 아파트는 1단계(2016년 8월)의 9억 원에서 2단계(2020년 8월)에는 약 25억 원까지 상승했고, 3단계(2024년 8월)에서는 30% 프리미엄이 추가돼 약 32억 원까지 상승했다. 위의 공식을 적용해 아래 아파트들의 2단계, 3단계 가격을 구하려고 한다.

1단계(2016년 8월부터 2024년 8월까지)의 8년 동안에 대치 한보미도맨션은 14억 원에서 32억 원으로 상승, 개포 주공5단지 아파트는 12억 원에서 28억 원으로 상승했다.

대치 한보미도맨션, 개포 주공5단지 아파트 가격은 1단계(2016년 8월부터 2024년 8월까지)의 연간 상승률과 동일한 비례율로 2단계(2024년 9월부터 2028년 9월)까지 상승한다고 가정한다. 계산한 수식을 포함해 아래 질문에 답변해.

질문 ①

먼저 대치 한보미도맨션, 개포 주공5단지 아파트의 1단계 상승률(2016년 8월부터 2024년 8월까지의 8년간 상승률)을 구한 다음에, 이 기간 동안 상승률을 8년으로 나누어서 1년간 상승률을 구해.

질문 ②

위 질문 ①에서 구한 1년간 상승률의 4배가 2단계의 4년간 상승률이다. 1단계 가격에 2단계 4년간의 상승률을 곱해서 대치 한보미도맨션, 개포 주공5단지 아파트의 2단계(2024년 9월부터 2028년 9월) 가격을 알려 줘.

질문 ③

위 질문 ②의 가격에 30% 프리미엄을 추가한, 대치 한보미도맨션, 개포 주공5단지 아파트의 3단계(2032년 9월) 가격을 알려 줘.

이 질문에 대해 인공지능이 답변한 계산식을 나열하면 다음과 같다.

[CLOVA X 답변]

질문 ① 1단계 상승률 및 1년간 상승률 계산

대치 한보미도맨션:
- 초기 가격 (2016년 8월): 14억 원
- 최종 가격 (2024년 8월): 32억 원
- 상승률 = ((최종 가격 - 초기 가격) / 초기 가격) × 100
- 상승률 = ((32억 원 - 14억 원) / 14억 원) × 100 = 128.57%
- 1년간 상승률 = (상승률 / 8년) = (128.57% / 8년) ≈ 16.07%

개포 주공5단지 아파트:
- 초기 가격 (2016년 8월): 12억 원
- 최종 가격 (2024년 8월): 28억 원
- 상승률 = ((28억 원 - 12억 원) / 12억 원) × 100 = 133.33%
- 1년간 상승률 = (133.33% / 8년) ≈ 16.67%

질문 ② 2단계 가격 계산

대치 한보미도맨션:
- 2단계 4년간 상승률 = 1년간 상승률 × 4 = 16.07% × 4 = 64.28%
- 2단계 가격 = 초기 가격 × (1 + 2단계 4년간 상승률)
- 2단계 가격 = 32억 원 × (1 + 0.6428) ≈ 52.22억 원

개포 주공5단지 아파트:
- 2단계 4년간 상승률 = 16.67% × 4 = 66.68%
- 2단계 가격 = 초기 가격 × (1 + 2단계 4년간 상승률)
- 2단계 가격 = 28억 원 × (1 + 0.6668) ≈ 46.68억 원

질문 ③ 3단계 가격 계산

대치 한보미도맨션:
- 3단계 가격 = 2단계 가격 × (1 + 30%)
- 3단계 가격 = 52.22억 원 × 1.3 ≈ 67.88억 원

개포 주공5단지 아파트:
- 3단계 가격 = 46.68억 원 × 1.3 ≈ 60.58억 원

따라서, 대치 한보미도맨션의 2단계 가격은 약 52.22억 원이고, 3단계 가격은 약 67.88억 원입니다. 개포 주공5단지 아파트의 2단계 가격은 약 46.68억 원이고, 3단계 가격은 약 60.58억 원입니다.

[Google Gemini 답변]

문제 요약

- 한국 아파트 가격은 1인당 GNI 상승률에 비례하며, 3단계의 가격 변동을 거침.
- 2016년부터 2024년까지의 아파트 가격 변동 데이터를 바탕으로, 2024년부터 2032년까지의 가격을 예측해야 함.
- 대치 한보미도맨션과 개포 주공5단지의 1단계 상승률을 구하고, 이를 바탕으로 2단계, 3단계 가격을 예측해야 함.

1단계 상승률 구하기

대치 한보미도맨션:

- 상승액: 32억 원 - 14억 원 = 18억 원
- 상승률: (18억 원 / 14억 원) × 100% ≈ 128.57%
- 연간 상승률: 128.57% / 8년 ≈ 16.07%

개포 주공5단지:

- 상승액: 28억 원 - 12억 원 = 16억 원
- 상승률: (16억 원 / 12억 원) × 100% ≈ 133.33%
- 연간 상승률: 133.33% / 8년 ≈ 16.67%

2단계 가격 구하기

2단계 4년간 상승률: 연간 상승률 × 4

2단계 가격: 1단계 가격 × (1 + 2단계 4년간 상승률)

대치 한보미도맨션:
- 2단계 4년간 상승률: 16.07% × 4 = 64.28%
- 2단계 가격: 32억 원 × (1 + 64.28%) ≈ 52.57억 원

개포 주공5단지:
- 2단계 4년간 상승률: 16.67% × 4 = 66.68%
- 2단계 가격: 28억 원 × (1 + 66.68%) ≈ 46.67억 원

3단계 가격 구하기

3단계 가격: 2단계 가격 × 1.3 (30% 프리미엄 추가)

대치 한보미도맨션: 52.57억 원 × 1.3 ≈ 68.34억 원

개포 주공5단지: 46.67억 원 × 1.3 ≈ 60.67억 원

질문 ①
- 대치 한보미도맨션: 1단계 상승률은 약 128.57%, 연간 상승률은 약 16.07%입니다.
- 개포 주공5단지: 1단계 상승률은 약 133.33%, 연간 상승률은 약 16.67%입니다.

질문 ②
- 대치 한보미도맨션: 2단계 가격은 약 52.57억 원입니다.
- 개포 주공5단지: 2단계 가격은 약 46.67억 원입니다.

질문 ③
- 대치 한보미도맨션: 3단계 가격은 약 68.34억 원입니다.
- 개포 주공5단지: 3단계 가격은 약 60.67억 원입니다.

위 계산 결과를 통해, 주어진 조건하에서 대치 한보미도맨션과 개포 주공5단지의 2032년 9월 예상 가격을 각각 68.34억 원, 60.67억 원으로 추정할 수 있습니다.

[Microsoft Copilot 답변]

질문 ① 1단계 상승률

먼저, 대치 한보미도맨션과 개포 주공5단지 아파트의 1단계(2016년 8월부터 2024년 8월까지) 상승률을 계산하겠습니다.

대치 한보미도맨션:

- 2016년 8월: 14억 원
- 2024년 8월: 32억 원
- 1단계 상승률: 32억 - 14억 × 100 ≈ 128.57%
- 연간 상승률: 128.57% / 8 ≈ 16.07%

개포 주공5단지 아파트:

- 2016년 8월: 12억 원
- 2024년 8월: 28억 원
- 1단계 상승률: 28억 - 12억 × 100 ≈ 133.33%
- 연간 상승률: 133.33% / 8 ≈ 16.67%

질문 ② 2단계 가격

2단계(2024년 9월부터 2028년 9월) 동안의 상승률은 연간 상승률의 4배입니다.

대치 한보미도맨션:
- 연간 상승률: 16.07%
- 4년간 상승률: 16.07% × 4 ≈ 64.29%
- 2단계 가격: 32억 원 × (1 + 64.29%) ≈ 52.57억 원

개포 주공5단지 아파트:
- 연간 상승률: 16.67%
- 4년간 상승률: 16.67% × 4 ≈ 66.67%
- 2단계 가격: 28억 원 × (1 + 66.67%) ≈ 46.67억 원

질문 ③ 3단계 가격

3단계(2032년 9월) 가격은 2단계 가격에 30%의 프리미엄을 추가한 값입니다.

대치 한보미도맨션:
- 3단계 가격: 52.57억 원 × 1.3 ≈ 68.34억 원

개포 주공5단지 아파트:
- 3단계 가격: 46.67억 원 × 1.3 ≈ 60.67억 원

이렇게 계산하면, 대치 한보미도맨션은 약 68.34억 원, 개포 주공5단지 아파트는 약 60.67억 원이 됩니다.

다음은 위에서 세 가지 인공지능들이 답변한 대치 한보미도맨션, 개포 주공5단지 아파트의 2028년 평균값을 계산한 표이다.

가격/인공지능	CLOVA X	Google Gemini	Microsoft Copilot	2028년 평균값
대치 한보미도맨션	52	52	52	52
개포 주공5단지	46	46	46	46

* 단위는 억 원.

아래는 인공지능들이 답변한 대치 한보미도맨션, 개포 주공5단지 아파트의 2032년 평균값(재건축 프리미엄 30% 기준)을 계산한 표이다. 앞에서 설명했듯이 강남3구·한강권의 표준인 래미안원베일리의 재건축 후 프리미엄이 60~100%인 것에 반해 개포·대치권의 표준인 개포 자이프레지던스는 30%에 머물고 있어서 이 재건축 프리미엄을 적용해 8년 후 가격으로 제시했다.

가격/인공지능	CLOVA X	Google Gemini	Microsoft Copilot	2032년 평균값 (재건축 준공 시, 재건축 프리미엄 30%)
대치 한보미도맨션	67	68	68	68
개포 주공5단지	60	60	60	60

* 단위는 억 원.

대한민국 교육 1번지로 꼽히는 강남구 대치동에 위치한 노후 단지들의 재건축 사업이 탄력을 받고 있다. 오랜 재건축의 상징으로 여겨지던 은마아파트를 필두로 주변에 있는 대치 '우선미(우성·선경·미도)'와 '우쌍쌍(우성1차·쌍용1차·쌍용2차)'도 하나둘씩 사업 속도를 내는 모양새다.

서울 강남구 신속통합기획(신통기획) 1호 단지인 대치동 한보미도맨션1·2차 아파트는 최고 50층 이하, 3,800가구 규모의 대형 대단지로 탈바꿈한다. 강남구청의 정비구역 공시에 따르면 이 아파트는 분양 3,177가구, 임대 623가구로 기존 아파트 가구 수(2,435가구)에서 1,365가구가 늘어난다. 전용 85㎡형 초과가 전체 62.6%로 절반을 넘어 대형 중심의 재건축 단지로 재탄생할 예정이다.

한보미도맨션은 인근 개포 우성아파트·대치 선경아파트를 합친 것보다 규모가 큰 대단지로 학여울역과 가까워 지리적 장점이 많다. 강남구의 대표적인 대장주인 래미안대치팰리스도 최고 35층인 반면, 대치 한보미도는 49층으로 재건축되기 때문에 재건축 후에는 대치, 개포 지역의 랜드마크 아파트가 될 것으로 보인다.

개포 주공5단지 아파트 재건축정비사업은 서울 강남구 개포동 187번지외 1필지에 지하 4층~지상35층 14개 동 규모의 아파트 1,279세대 및 부대복리시설을 신축하는 사업이다. 시공사로 선정된 대우건설은 사업장 번지수인 개포동 187의 의미를 살려 단지명을 개포 주공5단지로 제안했다.

대우건설은 하이엔드 브랜드 '써밋'에 걸맞은 랜드마크를 건립하기 위해 8인의 세계적인 거장들과 협업해 각 분야의 월드 클래스급 전문가들과 컬래버레이션을 선보일 예정인데, 이 단지를 비롯해 인근 단지들도 35층 건축을 선택해 아쉬움이 남는다. 향후 8년 후 압구정, 반포, 대치 등의 주요 재건축이 완료되면 이들은 대부분이 50층 재건축 단지로 이 경우 35층 재건축은 구세대 재건축으로 평가돼 위에서 필자가 제시한 가격보다 낮을 수 있다.

인근에 위치한 개포 주공6·7단지 역시 기존 1,960가구가 지하 5층

~지상 35층, 2,698가구로 재탄생해 50층 재건축은 어렵게 됐다. 개포주공6·7단지 재건축 조합은 층수에 대한 조합원 설문조사를 진행했는데 79.8%에 해당하는 1,144명의 조합원이 49층이 아닌 35층을 선호한다는 결과가 나왔다. 공사비가 대폭 오른 상황에서 초고층보다는 공사비 절감과 공사 기간 단축을 선택한 셈이다.

이들 단지는 수인분당선 대모산입구역과 가까워 교통이 편리하고, 대치동 학원가와 인접해 학군이 우수한 지역으로 평가 받는다. 개포에는 현재 △1단지 '디에이치 퍼스티어 아이파크' △2단지 '래미안 블레스티지' △3단지 '디에이치 아너힐즈' △4단지 '개포 자이 프레지던스' △8단지 '디에이치 자이 개포' △9단지 '개포 상록스타힐스' 등이 재건축을 완료한 상태인데, 앞에서 필자가 계산한 바에 따르면 이들 단지의 재건축 후 프리미엄은 30% 내외로, 60%대인 래미안원베일리 등 반포 재건축에 비해서는 약세를 보이고 있다.

개포 우성3차 50억, 대치 은마 46억

앞에서는 대치 한보미도맨션, 개포 주공5단지 등 개포·대치권에 속하는 주요 재건축 단지들(국평 기준)의 가격 변동과 향후 가격을 인공지능을 통해 예측해 보았다. 이어서 여기에서는 개포동, 대치동에 속하는 아파트들 중에서 대치 한보미도맨션이나 개포 주공5단지 등의 대체제로 기능하는 아파트의 재건축 후 시세를 예측해 본다.

이런 아파트로는 대치동에서 대치 우성1차, 쌍용1차, 쌍용2차가 있고, 개포동에서는 우성3차, 경남, 현대1차를 들 수 있다. 이들 아파트 가격은 아래서 대표적으로 계산한 개포 우성3차와 대치 은마를 통해서 유추해 볼 수 있을 것이다.

개포동은 오래전부터 대치동의 학군지의 영향을 받아 대치동과 함께 일정한 비례율로 가격을 형성해 왔다. 이런 점에서 앞서 분석한 한보미도맨션, 개포 주공5단지처럼 개포 우성3차와 대치 은마의 준공 후 가격도 가장 최근에 재건축된 개포 자이프레지던스(구 개포 주공4단지)의 가격 상승을 기준해 예측해 보기로 한다.

항상 강조하지만 아래 인공지능에게 주어진 설문에 명시된 대로 여기 가격은 '한국의 1인당 GNI가 지난 8년간 상승률과 동일한 비율로 향후 8년간 상승하는 경우' 즉, 경기가 상승하는 경우를 전제로 하는 계산이다. 우리나라 경제가 일본의 잃어버린 30년처럼 경제성장률과

1인당 GNI 하락으로 인한 소비 감소, 투자 침체, 저금리, 디플레이션 상황에 들어서면 가격은 아래보다 낮을 것이다.

아래 표는 필자가 계산한 개포 우성3차와 대치 은마(국평 기준)의 가격 변동과 향후 가격 예측이다. 재건축은 8년 후, 2032년에 준공을 예상하고 계산했는데, 3장에서 압구정 신현대, 신반포2차, 잠실 주공5단지 등 강남·한강권 아파트의 가격 기준으로 삼은 반포동 래미안원베일리 아파트 대신에 개포·대치권의 경우 개포 자이프레지던스를 가격 기준으로 삼았다. 착공 전 시세, 준공연도 등을 보면 개포 자이프레지던스가 3장에서 미래 가격 기준으로 삼은 반포 래미안원베일리와 가장 유사해서 이 단지를 개포·대치권의 가격 기준으로 제시한다.

개포 자이프레지던스는 2020년에 착공했는데, 2020년 12월의 거래가 15억 원대에서 이루어지고 있었다. 재건축의 마지막 단계였던 2016년의 시세는 11, 13, 15평이 8~10억 사이였는데, 재건축 후 34평 배정 시에 10~12억 원의 추가 분담을 예상한 거래였다. 이 단지는 2022년 전까지 추분을 포함해 33평의 입주권 가격이 25억 원대에서 거래됐고, 준공 후 2024년 8월 현재 32억 원대이므로 재건축에 따른 프리미엄이 30%인 셈이다.

착공 시 가격과 이후 준공 후 가격의 비교로 보면 강남3구·한강권의 표준인 래미안원베일리가 60~100%인 것에 반해 개포·대치권의 개포 자이프레지던스는 30%에 머물고 있어서 상대적으로 약세로 보인다.

아파트 이름/연도	2016년	2024년	8년간 상승률 (%)	2028년 가격 (재건축 착공 시)	2032년 가격 (재건축 준공 시, 재건축 프리미엄 30%)
*개포 자이프레지던스 (34평, 구 주공4단지)	9억	32억	255		
개포 주공5단지(35평)	12억	28억	133	46억	60억
: 개포 우성3차(33평)	10억	24억	140	37억	50억
대치 한보미도맨션 (34평)	14억	32억	128	52억	68억
: 대치 은마(30평)	11억	24억	118	35억	46억

* 단위는 억 원. 위 가격은 매년 8월 기준.
* ':' 부호 표시는 대체재로 기능하는 아파트를 의미한다.

필자가 제시한 질문과 이에 대해 인공지능이 답변한 계산식을 나열하면 아래와 같다.

[질문]

한국의 아파트 가격은 1인당 GNI의 상승률에 비례한다고 전제한다. 2016년부터 2024년까지 8년 동안 한국의 1인당 GNI는 7천 달러 증가했는데, 2025년부터 2032년까지 8년 동안 한국의 1인당 GNI는 7천 달러 증가한다고 가정한다.

한국의 아파트 가격은 1단계(최초에 건축된 뒤 20년 이상이 지난 구축 단계), 2단계(재건축을 위해 기존의 건물을 허무는 착공 단계), 3단계(재건축이 완료돼 앞의 2단계 가격에 30%의 프리미엄이 추가된 단계)의 공식이 적용된다.

예를 들어 3단계까지 완료된 한국의 개포 자이프레지던스 아파트는 1단계(2016년 8월)의 9억 원에서 2단계(2020년 8월)에는 약 25억 원까지 상승했고, 3단계(2024년 8월)에서는 30% 프리미엄이 추가돼 약 32억 원까지 상승했다. 위의 공식을 적용해 아래 아파트들의 2단계, 3단계 가격을 구하려고 한다.

1단계(2016년 8월부터 2024년 8월까지)의 8년 동안에 개포 우성3차 아파트는 10억 원에서 24억 원으로 상승, 대치 은마아파트는 11억 원에서 24억 원으로 상승했다.

개포 우성3차, 대치 은마아파트 가격은 1단계(2016년 8월부터 2024년 8월까지)의 연간 상승률과 동일한 비례율로 2단계(2024년 9월부터 2028년 9월)까지 상승한다고 가정한다. 계산한 수식을 포함해 아래 질문에 답변해.

질문 ①

먼저 개포 우성3차, 대치 은마아파트의 1단계 상승률(2016년 8월부터 2024년 8월까지의 8년간 상승률)을 구한 다음에, 이 기간 동안 상승률을 8년으로 나누어서 1년간 상승률을 구해.

질문 ②

위 질문 ①에서 구한 1년간 상승률의 4배가 2단계의 4년간 상승률이다. 1단계 가격에 2단계 4년간의 상승률을 곱해서 개포 우성3차, 대치 은마아파트의 2단계(2024년 9월부터 2028년 9월) 가격을 알려 줘.

질문 ③

위 질문 ②의 가격에 30% 프리미엄을 추가한, 개포 우성3차, 대치 은마아파트의 3단계(2032년 9월) 가격을 알려 줘.

이 질문에 대해 인공지능이 답변한 계산식을 나열하면 아래와 같다.

[CLOVA X 답변]

질문 ① 개포 우성3차와 대치 은마아파트의 1단계 상승률을 구하고, 이를 통해 1년간 상승률을 구해 보겠습니다.

개포 우성3차
- 1단계 시작 가격 = 10억 원, 1단계 종료 가격 = 24억 원
- 1단계 상승률 = ((24억 원 - 10억 원) / 10억 원) × 100 = 140%
- 1년간 상승률 = (140% / 8년) = 17.5%

대치 은마
- 1단계 시작 가격 = 11억 원, 1단계 종료 가격 = 24억 원
- 1단계 상승률 = ((24억 원 - 11억 원) / 11억 원) × 100 = 118.2%
- 1년간 상승률 = (118.2% / 8년) = 14.77%

질문 ② 개포 우성3차와 대치 은마아파트의 2단계 가격을 구해 보겠습니다.

개포 우성3차

- 1단계 가격 = 24억 원, 1년간 상승률 = 17.5%, 2단계 4년간 상승률 = 17.5% × 4 = 70%
- 2단계 가격 = 24억 원 × (1 + 0.7) = 33.6억 원

대치 은마

- 1단계 가격 = 24억 원, 1년간 상승률 = 14.77%, 2단계 4년간 상승률 = 14.77% × 4 = 59.08%
- 2단계 가격 = 24억 원 × (1 + 0.59) = 30.48억 원

질문 ③ 개포 우성3차와 대치 은마아파트의 3단계 가격을 구해 보겠습니다.

개포 우성3차

- 2단계 가격 = 33.6억 원, 3단계 프리미엄 = 30%
- 3단계 가격 = 33.6억 원 × (1 + 0.3) = 44.448억 원

대치 은마

- 2단계 가격 = 30.48억 원, 3단계 프리미엄 = 30%
- 3단계 가격 = 30.48억 원 × (1 + 0.3) = 40.224억 원

[Google Gemini 답변]

문제 분석 및 가정
- 아파트 가격 상승: 1인당 GNI 상승률과 비례한다는 가정하에, 1단계, 2단계, 3단계의 단계별 상승 공식을 적용합니다.
- 단계별 상승:
  - 1단계: 구축 단계
  - 2단계: 착공 단계(1단계 가격에서 추가 상승)
  - 3단계: 재건축 완료 단계(2단계 가격에 30% 프리미엄 추가)
- 상승률 가정: 1단계의 연간 상승률이 2단계에서도 동일하게 적용된다고 가정합니다.

문제 해결
1단계 상승률 구하기

개포 우성3차:
- 상승액: 24억 원 - 10억 원 = 14억 원
- 상승률: (14억 원 / 10억 원) × 100% = 140%
- 연간 상승률: 140% / 8년 = 17.5%

대치 은마:
- 상승액: 24억 원 - 11억 원 = 13억 원
- 상승률: (13억 원 / 11억 원) × 100% ≈ 118.18%
- 연간 상승률: 118.18% / 8년 ≈ 14.77%

2단계 가격 구하기

개포 우성3차:

- 2단계 상승률: 17.5% × 4년 = 70%
- 2단계 가격: 24억 원 × (1 + 70%) = 40.8억 원

대치 은마:

- 2단계 상승률: 14.77% × 4년 ≈ 59.08%
- 2단계 가격: 24억 원 × (1 + 59.08%) ≈ 38.18억 원

3단계 가격 구하기

개포 우성3차:

- 3단계 가격: 40.8억 원 × (1 + 30%) = 53.04억 원

대치 은마:

- 3단계 가격: 38.18억 원 × (1 + 30%) ≈ 49.63억 원

따라서, 위의 가정과 계산에 따르면:

- 개포 우성3차: 2032년 9월에는 약 53.04억 원
- 대치 은마: 2032년 9월에는 약 49.63억 원

위의 가격이 될 것으로 예측됩니다.

[Microsoft Copilot 답변]

질문 ① 1단계(2016년 8월부터 2024년 8월까지)의 8년간 상승률을 구해 보겠습니다.

개포 우성3차 아파트:

- 2016년 8월 가격: 10억 원
- 2024년 8월 가격: 24억 원
- 상승률 계산: 상승률 = (24억 원 - 10억 원) × 100 = 140%
- 연간 상승률: 연간 상승률 = 140% / 8 = 17.5%

대치 은마아파트:

- 2016년 8월 가격: 11억 원
- 2024년 8월 가격: 24억 원
- 상승률 계산: 상승률 = (24억 원 - 11억 원) × 100 = 118.18%
- 연간 상승률: 연간 상승률 = 118.18% / 8 = 14.77%

질문 ② 2단계(2024년 9월부터 2028년 9월까지) 가격을 계산해 보겠습니다.

개포 우성3차 아파트:

- 2단계 4년간 상승률 = 4배의 연간 상승률 = 4 × 17.5% = 70%
- 2024년 8월 가격: 24억 원
- 2단계 가격 = 24억 원 × (1 + 0.7) = 40.8억 원

대치 은마아파트:

- 2단계 4년간 상승률 = 4배의 연간 상승률 = 4 × 14.77% = 59.08%
- 2024년 8월 가격: 24억 원
- 2단계 가격 = 24억 원 × (1 + 0.5908) = 38.18억 원

질문 ③ 3단계(2032년 9월) 가격을 계산해 보겠습니다.

개포 우성3차 아파트:

- 2단계 가격: 40.8억 원
- 30% 프리미엄 추가
- 3단계 가격 = 40.8억 원 × 1.3 = 53.04억 원

대치 은마아파트:

- 2단계 가격: 38.18억 원
- 30% 프리미엄 추가
- 3단계 가격 = 38.18억 원 × 1.3 = 49.63억 원

결론적으로, 개포 우성3차 아파트와 대치 은마아파트의 2단계와 3단계 가격은 다음과 같습니다:

- 개포 우성3차 아파트: 2단계 가격 40.8억 원, 3단계 가격 53.04억 원
- 대치 은마아파트: 2단계 가격 38.18억 원, 3단계 가격 49.63억 원

아래는 위에서 세 가지 인공지능들이 답변한 개포 우성3차, 대치 은마아파트의 2028년 평균값을 계산한 표이다.

가격/인공지능	CLOVA X	Google Gemini	Microsoft Copilot	2028년 평균값
개포 우성3차	33	40	40	37
대치 은마	30	38	38	35

* 단위는 억 원.

아래는 인공지능들이 답변한 개포 우성3차, 대치 은마아파트의 2032년 평균값(재건축 프리미엄 30% 기준)을 계산한 표이다. 앞에서 설명했듯이 강남3구·한강권의 표준인 래미안원베일리의 재건축 후 프리미엄이 60~100%인 것에 반해 개포·대치권의 표준인 개포 자이프레지던스는 30%에 머물고 있어서 이 재건축 프리미엄을 적용해 8년 후 가격으로 제시했다.

가격/인공지능	CLOVA X	Google Gemini	Microsoft Copilot	2032년 평균값 (재건축 준공 시, 재건축 프리미엄 30%)
개포 우성3차	44	53	53	50
대치 은마	40	49	49	46

* 단위는 억 원.

서울 개포택지개발지구에 위치한 개포 경남·우성3차·현대1차 아파트(세칭 경우현)는 재건축 신속통합기획(신통기획)이 확정됨에 따라 최고 높이 50층 2,340가구 규모로 재건축될 예정이다. 이들 아파트는 2017년

현대1차가 먼저 재건축 정비구역으로 지정됐고, 서울시의 권유로 효율적 정비계획을 위해 개포 경남·우성3차와 통합 재건축에 나섰다. 하지만 층수, 기반시설 계획, 세대 배분 등 3개 단지 주민의 이해관계 조정에 난항을 겪어 왔는데, 서울시가 통합적 계획 지침을 제시하면서 사업 추진이 빨라지고 있다.

신통기획에서 권유한 개포 경남·우성3차·현대1차 아파트 재건축 신속통합기획의 세 가지 계획 원칙은 △통합 재건축을 고려한 기반시설 및 건축 계획 수립 △주변 지역과 연결되는 보행 중심 단지 조성 △양재천을 품은 친환경 열린 단지 계획이다.

이들 3개 단지 주민들은 서로 뜻을 모아 통합 재건축을 성공적으로 추진하고 있어서 순차적으로 재건축을 앞둔, 인근의 개포·대치 지역 양재천 남측 단지들에게 모범적인 재건축 사례가 되고 있다.

개포 경남·우성3차·현대1차 아파트는 개포에서는 거의 유일하게 50층 아파트를 선택하고 있어서 35층으로 재건축되는 개포 주공5·6·7단지와 자주 비교된다. 인공지능의 계산에서는 현재까지 상승률로 보아서 개포 주공5·6·7단지 가격이 경남·우성3차·현대1차 아파트보다 더 높게 산출됐지만 재건축 후 층수의 차이가 벌어지면 경남·우성3차·현대1차 아파트가 주공5·6·7단지 가격을 추월하는 것도 가능해 보인다.

서울 강남권 대표 재건축 단지인 강남구 대치동 은마아파트는 28년째 재건축을 추진해 온 단지이다. 1979년 지어진 대치 은마는 1996년부터 재건축을 추진해 2002년 시공사 선정, 2003년 추진위원회 승인을 완료했지만 안전진단, 재건축 초과이익환수제 도입, 기부채납 논의 등의 문제로 현재까지 사업이 표류해 왔다. 주민 간의 갈등을 봉합하는 과정에서 시간도 많이 지연됐는데, 2023년에 강남구청이 조합설립 인가를 내주며 추진위 출범 20년 만에 다음 단계인 사업시행계획 인가를 위한 준비에 나설 수 있게 됐다. 2024년에 열린 총회에서 조합원 선호에 따라 49층 재건축 추진을 선언하며 정비계획안 변경에 나서고 있다.

인근의 대치 쌍용1차도 이에 발맞춰 최고 높이를 49층으로 올리는 방안을 추진하고 있다. 대치 한보미도, 대치 은마, 대치 쌍용1차가 50층 재건축에 나서면 초고층 재건축이 희소한 개포 지구에 비해 재건축 후 프리미엄이 더 높을 것으로 보인다.

앞의 2장 4절에서 설명한 주거지의 과시적 소비 현상, 혹은 주거지 양극화가 진행되면 이 지역에 가까울수록 아파트 가격이 상승하게 된다. 예를 들어 신반포2차에 못 들어가면 반포 미도1차 아파트를, 잠실 주공5단지에 못 들어가면 잠실 장미아파트, 잠실 우성1·2·3차 아파트를, 한남3지구에 못 들어가면 한남2·4지구를 매수하는, 과시적 소비 지역에 대한 쏠림 현상이 나타난다.

또 공사비가 현재보다 2~3배 상승하면 향후 8년 후에는 재건축이 어려워지고, 위 과시적 소비 지역(1급지)에서 더 이상 공급이 없기 때문에 이들 지역의 대체 지역(1.5급지)이 생길 것이다. 이런 아파트는 1급지 주변에 위치해 1급지의 대체재로 기능하는 곳들인데, 반포·잠원동을 대체하는 1.5급지는 반포동 미도아파트, 서초동 삼풍아파트와 진흥아파트, 방배동 신삼호아파트 등을 들 수 있다. 잠실동을 대체하는 1.5급지로는 방이동 올림픽선수기자촌 아파트, 문정동 올림픽훼밀리아파트, 오금동 현대아파트 등 방이·송파동 재건축이 될 듯하다. 아래에서는 이들 중에서 대표적인 곳을 골라서 1급지와 비교하는 방법을 통해, 8년 후 재건축 후 가격을 예측해 본다.

5장
재건축아파트 가격 예측
(강남3구·비한강권)

반포 미도1차 63억, 서초 진흥 53억

앞의 3장에서 강남3구·한강권의 대표적인 재건축 지역인 압구정, 반포, 잠실의 대표 단지인 압구정 신현대, 신반포2차, 잠실 주공5단지 아파트의 8년 후 재건축 후 가격을 인공지능을 이용해 도출해 보았다.

앞에서 설명했듯이 우리나라 국민소득이 3만 달러를 넘어서 선진국형 아파트 시장에 들어서면 이런 핵심지 아파트에 최상위층이 모여들고 이런 지역을 1급지 아파트로 분류했었다. 그런데 이런 1급지의 재건축이 완료돼 이 지역에서 더 이상 공급이 없거나, 1급지의 국평 가격이 50억 원대를 넘어서 이 지역에서 아파트를 살 수 없는 수요층은 1급지를 대체하는 지역에서 아파트를 매수하려고 할 것이다. 필자는 이렇듯 1급지를 보완하거나, 대체하는 지역을 1.5급지로 불러 왔다.

반포동·잠원동 지역의 1급지 아파트를 대체하는 1.5급지 아파트는 많은데, 대표적으로는 반포동 미도아파트, 서초동 삼풍아파트와 진흥아파트, 방배동 신삼호아파트 등으로 보인다. 아래에서는 지난 8년간 1급지 아파트와의 가격 비례율을 통해 가격을 유추하는 방식으로, 이들 1.5급지 아파트의 8년 후, 재건축 후 가격(국평 기준)을 살펴보기로 한다.

앞에서 1급지 아파트 가격을 도출할 때 질문에서 명시했듯이 아래 가격은 '한국의 1인당 GNI가 지난 8년간 상승률과 동일한 비율로 향후 8년간 상승하는 경우' 즉, 경기가 상승하는 경우를 전제로 한다. 우리나라 경제가 일본의 잃어버린 30년처럼 경제성장률과 1인당 GNI 하락으로 인한 소비 감소, 투자 침체, 저금리, 디플레이션 상황에 들어서면 가격은 아래보다 낮을 것이다.

아래 표에서 ':' 부호 표시는 대체재로 기능하는 아파트를 의미한다. 경제학에서 대체재(代替財, substitute good)는 어느 한 재화가 다른 재화와 비슷한 유용성을 가지고 있어 한 재화의 가격이 상승하면 다른 재화의 수요가 증가하는 경우이다. 이들은 서로 대체관계에 있다고 말하며 이러한 대체관계에 있는 재화를 다른 재화의 대체재라고 한다. 1급지인 신반포2차, 신반포4차 등 아파트를 매수하지 못하는 경우 이 아파트와 동일한 생활권에 위치하는 1.5급지 재건축 단지인 반포동 미도아파트, 서초동 삼풍아파트와 진흥아파트, 방배동 신삼호아파트 등을 매수하는 투자자가 있다는 점에서 서로를 대체관계로 본다.

아파트 이름/연도	2016년	2024년	8년간 상승률 (%)	2028년 가격 (재건축 착공 시)	2032년 가격 (재건축 준공 시, 재건축 프리미엄 30%)
반포 신반포2차 (평)	15억	39억	160	69억	90억
: 반포 미도1차 (33평)	11억	27억	145	47억	63억
: 서초 진흥 (32평)	10억	23억	130	40억	53억

* 단위는 억 원. 위 가격은 매년 8월 기준.
* ':' 부호 표시는 대체재로 기능하는 아파트를 의미한다.

위 표의 가격은 인공지능에게 다음과 같이 질문해 나온 결괏값이다.

[질문]

한국의 아파트 가격은 경쟁하는 아파트들 간에 일정한 비례율을 유지하면서 상승하는 경향이 있다.

2024년 8월 현재 가격은 신반포2차 아파트가 39억 원, 반포 미도1차 아파트는 27억 원, 서초 진흥아파트는 23억 원이며, 이들은 2032년 8월까지 현재의 비례율로 상승한다고 가정한다. 계산한 수식을 포함해 아래 질문에 답변해.

질문 ①

2024년 8월을 기준해 4년 후인 2028년 8월에 신반포2차 아파트가 69억 원에 도달하면 반포 미도1차 아파트, 서초 진흥아파트 가격은 각각 얼마가 될 것인가?

질문 ②

2024년 8월을 기준해 8년 후인 2032년 8월에 신반포2차 아파트가 90억 원에 도달하면 반포 미도1차 아파트, 서초 진흥아파트 가격은 각각 얼마가 될 것인가?

인공지능이 답변한 계산식을 나열하면 다음과 같다. 이 질문은 아주 단순한 계산식이어서 다음 세 가지 인공지능의 답변이 거의 일치한다.

일반적으로 곱셈은 주로 '×', '*'으로 표기되고, 나눗셈은 '÷', '/'로 표기되는데, 인공지능들이 산출한 계산식에 나타나는 기호는 곱셈(^), 나눗셈(아예 기호가 없음)인 경우도 있어서 인공지능 계산식에서는 가능한 한 그들이 사용한 기호를 그대로 두었다.

[CLOVA X 답변]

현재 각 아파트의 가격은 다음과 같습니다:

- 신반포2차 아파트: 39억 원
- 반포 미도1차 아파트: 27억 원
- 서초 진흥아파트: 23억 원

각 아파트의 가격은 다른 아파트와 같은 비율로 상승하므로, 각 아파트의 가격은 다음과 같이 표현할 수 있습니다:

- 신반포2차 아파트: 39억 ^ (1 + r) ^ t
- 반포 미도1차 아파트: 27억 ^ (1 + r) ^ t
- 서초 진흥아파트: 23억 ^ (1 + r) ^ t

여기서 r은 연간 상승률이고, t는 시간(년)입니다. 주어진 정보에 따라 r과 t를 대입하여 각 아파트의 미래 가격을 계산하겠습니다.

질문 ①

- t = 4년
- 신반포2차 아파트: 39억 × (1 + r) ^ 4 = 69억
  - 여기서 (1 + r) ^ 4 = 69 / 39 ≈ 1.78947
  - 따라서 r ≈ 0.77661
- 반포 미도1차 아파트: 27억 × (1 + 0.77661) ^ 4 ≈ 48.7억
- 서초 진흥아파트: 23억 × (1 + 0.77661) ^ 4 ≈ 41.6억

따라서, 2028년 8월에 각 아파트의 가격은 다음과 같습니다.

- 신반포2차 아파트: 약 69억 원
- 반포 미도1차 아파트: 약 48.7억 원
- 서초 진흥아파트: 약 41.6억 원

질문 ②

- t = 8년
- 신반포2차 아파트: 39억 × (1 + 0.77661) ^ 8 ≈ 90억
- 반포 미도1차 아파트: 27억 × (1 + 0.77661) ^ 8 ≈ 67.5억
- 서초 진흥아파트: 23억 × (1 + 0.77661) ^ 8 ≈ 56.9억

따라서, 2032년 8월에 각 아파트의 가격은 다음과 같습니다.

- 신반포2차 아파트: 약 90억 원
- 반포 미도1차 아파트: 약 67.5억 원
- 서초 진흥아파트: 약 56.9억 원

[Google Gemini 답변]

해결 과정

현재 비례율 계산:

- 신반포2차 : 반포 미도1차 = 39억 : 27억 = 13 : 9
- 신반포2차 : 서초 진흥 = 39억 : 23억 = 39 : 23

미래 가격 예측:

- 2028년 8월: 신반포2차가 69억 원이 되므로,
  반포 미도1차는 69억 ^ (9 / 13) ≈ 47.8억 원,
  서초 진흥은 69억 ^ (23 / 39) ≈ 40.5억 원이 된다.
- 2032년 8월: 신반포2차가 90억 원이 되므로,
  반포 미도1차는 90억 ^ (9 / 13) ≈ 62.3억 원,
  서초 진흥은 90억 ^ (23 / 39) ≈ 53.1억 원이 된다.

답변

질문 ① 2028년 8월

- 반포 미도1차: 약 47.8억 원
- 서초 진흥: 약 40.5억 원

질문 ② 2032년 8월

- 반포 미도1차: 약 62.3억 원
- 서초 진흥: 약 53.1억 원

[Microsoft Copilot 답변]

질문 ①

2024년 8월 기준 4년 후(2028년 8월)에 신반포2차 아파트가 69억 원에 도달할 때, 다른 아파트들의 가격을 계산해 보겠습니다.

- 현재 비례율:
  - 신반포2차 아파트 : 반포 미도1차 아파트 = 39억 원 / 27억 원 ≈ 1.44
  - 신반포2차 아파트 : 서초 진흥아파트 = 39억 원 / 23억 원 ≈ 1.70
- 2028년 8월에 신반포2차 아파트 가격: 69억 원
  - 반포 미도1차 아파트 가격: 69억 원 / 1.44 ≈ 47.92억 원
  - 서초 진흥아파트 가격: 69억 원 / 1.70 ≈ 40.59억 원

질문 ②

2024년 8월 기준 8년 후(2032년 8월)에 신반포2차 아파트가 90억 원에 도달할 때, 다른 아파트들의 가격을 계산해 보겠습니다.

- 현재 비례율(위와 동일):
  - 신반포2차 아파트 : 반포 미도1차 아파트 = 39억 원 / 27억 원 ≈ 1.44
  - 신반포2차 아파트 : 서초 진흥아파트 = 39억 원 / 23억 원 ≈ 1.70

- 2032년 8월에 신반포2차 아파트 가격: 90억 원
  - 반포 미도1차 아파트 가격: 90억 원 / 1.44 ≈ 62.5억 원
  - 서초 진흥아파트 가격: 90억 원 / 1.70 ≈ 52.94억 원
- 결론적으로:
  - 2028년 8월: 반포 미도1차 아파트는 약 47.92억 원, 서초 진흥아파트는 약 40.59억 원
  - 2032년 8월: 반포 미도1차 아파트는 약 62.5억 원, 서초 진흥아파트는 약 52.94억 원

아래는 인공지능들이 답변한 반포 미도1차, 서초 진흥아파트의 2028년 평균값을 계산한 표이다.

가격/인공지능	CLOVA X	Google Gemini	Microsoft Copilot	2028년 평균값
반포 미도1차	48	47	47	47
서초 진흥	41	40	40	40

* 단위는 억 원.

다음은 인공지능들이 답변한 반포 미도1차, 서초 진흥아파트의 2032년 평균값을 계산한 표이다.

가격/인공지능	CLOVA X	Google Gemini	Microsoft Copilot	2032년 평균값
반포 미도1차	67	62	62	63
서초 진흥	56	53	52	53

* 단위는 억 원.

서울 강남 고속터미널 근처에 위치한 반포 미도1차 아파트는 2024년에 서울시에서 재건축 정비계획안 수립 및 정비구역 지정을 결정, 고시해 현재 8개 동(15층) 1,260가구의 노후 아파트 단지가 최고 49층 이하, 13개 동 1,739가구(공공주택 208가구)로 재건축된다. 전체 가구가 단일 평형(전용 84㎡·34평)으로 구성돼 조합원 간 이해 차이가 없기 때문에 재건축 추진이 원활할 것으로 예상된다.

이 아파트는 신반포2차 등 한강변 반포동 아파트들에 비해 가격에서 약세를 보여 왔으나 지하철 고속터미널역, 가톨릭대 서울성모병원, 서울법원종합청사와 인접한 핵심지로 지리적 이점이 장점이다. 남쪽으로 서리풀공원과 서울법원종합청사, 서쪽으로는 서울성모병원에 접해 있고, 북쪽에는 지하철 고속터미널역(3·7·9호선)과 고속버스터미널(경부·영동선) 등이 가깝다. 미도산과 서리풀공원, 몽마르뜨공원 등 녹지 공간이 풍부하고, 성모병원과 국립중앙도서관, 신세계 백화점과 호텔 등 우수한 생활 인프라를 갖추고 있다.

반포 미도1차는 서초구 정비사업장 중 처음으로 49층 재건축을 승인받아 현재 수립된 계획대로 재건축을 추진하면 서초동, 반포동의 비한강변 단지 가운데 가장 높은 스카이라인을 갖춘 아파트 단지가 되고, 가격도 서초구의 비한강변 아파트 중에서는 가장 높을 것으로 보인다.

2024년에 공시된 서초 진흥아파트 재건축 정비계획안에 따르면 이 아파트는 59층, 857가구로 재건축이 추진된다. 이 계획에 따라 서초 진흥은 15층, 7개 동, 615가구(전용 101~160㎡)에서 59층(195m), 857가구로 재건축된다.

　서초 진흥은 일자리, 여가, 쇼핑 등 강남 도심의 편의를 누릴 수 있는 도심형 복합주거단지로 조성하기 위해 준주거지로 용도지역 상향이 이뤄진 첫 아파트 단지이다. 이 아파트는 신속통합기획 기획사업 대상지로 선정됐는데, 신속통합기획 가이드라인에 따라 강남 도심의 업무·상업 중심 기능을 지원하는 도심형 복합주거단지를 목표로 정비구역 지정 및 정비계획안이 마련됐다.

　이 아파트와 가격이 비슷한 방배 신삼호아파트 역시 2024년에 주택 재건축 정비계획 변경이 가결돼 기존의 32층 계획에서 41층으로 높이를 수정했다. 이를 통해 기존 857가구에서 63가구를 추가로 확보해 920가구를 공급할 수 있게 됐다.

　서초 진흥과 방배 신삼호아파트는 반포 미도1차와 함께 서초구 비한강변에서는 희소한 40층 이상의 초고층 재건축 단지로 8년 후 이들이 재건축되면 기존의 35층 아파트에 비해 가격에서 유리할 것으로 보인다.

방이 올림픽선수기자촌 42억, 오금 현대 32억

앞에서는 반포동·잠원동 등 서초구의 1급지 아파트 지역을 대체하는 1.5급지 지역의 주요 아파트의 재건축 후 가격을 살펴보았다. 이어 여기에서는 송파구의 1급지인 잠실의 아파트를 대체하는 1.5급지 아파트들의 8년 후, 재건축 후 가격을 인공지능을 이용해 도출해 보기로 한다.

앞에서 설명했듯이 우리나라 국민소득이 3만 달러를 넘어서 선진국형 아파트 시장에 들어서면 이런 핵심지 아파트에 최상위층이 모여들고 이런 지역을 1급지 아파트로 분류했었다. 그런데 이런 1급지의 재건축이 완료돼 이 지역에서 더 이상 공급이 없거나, 1급지의 국평 가격이 50억 원대를 넘어서 이 지역에서 아파트를 살 수 없는 수요층은 1급지를 대체하는 지역에서 아파트를 매수하려고 할 것이다. 필자는 이렇듯 1급지를 보완하거나, 대체하는 지역을 1.5급지로 불러 왔다.

송파구에서 잠실동 지역의 1급지 아파트를 대체하는 1.5급지 아파트는 많은데, 대표적으로는 방이동 올림픽선수기자촌, 문정동 올림픽훼밀리, 오금동 현대, 송파동 가락삼익 등 아파트를 들 수 있다. 아래에서는 지난 8년간 1급지 아파트와의 가격 비례율을 통해 가격을 유추하는 방식으로, 이들 1.5급지 아파트의 8년 후, 재건축 후 가격(국평 기준)을 살펴보기로 한다.

앞에서 1급지 아파트 가격을 도출할 때 질문에서 명시했듯이 아래 가격은 '한국의 1인당 GNI가 지난 8년간 상승률과 동일한 비율로 향후 8년간 상승하는 경우' 즉, 경기가 상승하는 경우를 전제로 한다. 우리나라 경제가 일본의 잃어버린 30년처럼 경제성장률과 1인당 GNI 하락으로 인한 소비 감소, 투자 침체, 저금리, 디플레이션 상황에 들어서면 가격은 아래보다 낮을 것이다.

아래 표에서 ':' 부호 표시는 대체재로 기능하는 아파트를 의미한다. 경제학에서 대체재(代替財, substitute good)는 어느 한 재화가 다른 재화와 비슷한 유용성을 가지고 있어 한 재화의 가격이 상승하면 다른 재화의 수요가 증가하는 경우이다. 이들은 서로 대체관계에 있다고 말하며 이러한 대체관계에 있는 재화를 다른 재화의 대체재라고 한다. 1급지인 잠실 주공5단지, 장미1차, 우성1·2·3차를 매수하지 못하는 경우 이 아파트와 동일한 생활권에 위치하는 1.5급지 재건축 단지인 방이동 올림픽선수기자촌, 문정동 올림픽훼밀리, 오금동 현대, 송파동 가락삼익 등 아파트를 매수하는 투자자가 있다는 점에서 서로를 대체관계로 본다.

아파트 이름/연도	2016년	2024년	8년간 상승률 (%)	2028년 가격 (재건축 착공 시)	2032년 가격 (재건축 준공 시, 재건축 프리미엄 30%)
잠실 주공5단지 (34평)	13억	27억	108	40억	52억
: 방이 올림픽선수기자촌 (34평)	9억	22억	144	32억	42억
: 오금 현대 (31평)	7억	17억	142	25억	32억

* 단위는 억 원. 위 가격은 매년 8월 기준.
* ':' 부호 표시는 대체재로 기능하는 아파트를 의미한다.

위 표의 가격은 인공지능에게 아래와 같이 질문해 나온 결괏값이다.

[질문]

한국의 아파트 가격은 1차 아파트와 2차 아파트가 동일한 비례율로 상승하는 경향이 있다.
2024년 8월 현재 가격은 1차 아파트인 잠실 주공5단지 아파트가 27억 원이다.
2024년 8월 현재 가격은 2차 아파트인 올림픽선수기자촌 아파트는 22억 원, 오금 현대아파트는 17억 원이다.
2032년 8월까지 1차 아파트와 2차 아파트는 현재 가격과 동일한 비례율로 상승한다고 가정한다. 계산한 수식을 포함해 아래 질문에 답변해.

질문 ①

2024년 8월을 기준해 4년 후인 2028년 8월에 1차 아파트(잠실주공5단지 아파트)가 40억 원이면, 2차 아파트(올림픽선수기자촌 아파트와 오금 현대아파트) 가격은 각각 얼마가 될 것인가?

질문 ②

2024년 8월을 기준해 8년 후인 2032년 8월에 1차 아파트(잠실주공5단지 아파트)가 52억 원이면, 2차 아파트(올림픽선수기자촌 아파트와 오금 현대아파트) 가격은 각각 얼마가 될 것인가?

인공지능이 답변한 계산식을 나열하면 아래와 같다. 이 질문은 아주 단순한 계산식이어서 아래 세 가지 인공지능의 답변이 거의 일치한다.

[CLOVA X 답변]

질문 ①

비례식을 세우면 다음과 같습니다.

- 1차 아파트 : 2차 아파트 = 27억 원 : 22억 원 = 3 : 2.4

이를 통해 2차 아파트의 가격 상승률은 1차 아파트의 약 80%임을 알 수 있습니다.

따라서, 2028년 8월에 1차 아파트가 40억 원이라면, 2차 아파트의 가격은 다음과 같이 계산할 수 있습니다.

- 올림픽선수기자촌 아파트: 40억 원 × (2.4 / 3) = 32억 원
- 오금 현대아파트: 40억 원 × (2.4 / 3) × (17억 원 / 22억 원) = 24.8억 원

질문 ②

비례식을 세우면 다음과 같습니다.

- 1차 아파트 : 2차 아파트 = 27억 원 : 22억 원 = 3 : 2.4

이를 통해 2차 아파트의 가격 상승률은 1차 아파트의 약 80%임을 알 수 있습니다.

따라서, 2032년 8월에 1차 아파트가 52억 원이라면, 2차 아파트의 가격은 다음과 같이 계산할 수 있습니다.
- 올림픽선수기자촌 아파트: 52억 원 × (2.4 / 3) = 43.2억 원
- 오금 현대아파트: 52억 원 × (2.4 / 3) × (17억 원 / 22억 원) = 33.44억 원

[Google Gemini 답변]

1단계: 비례 상수 구하기
2024년 8월 현재 세 아파트의 가격 비율을 이용하여 비례 상수를 구합니다.
- 잠실 주공5단지 : 올림픽선수기자촌 = 27억 : 22억 = 27 / 22
- 잠실 주공5단지 : 오금 현대 = 27억 : 17억 = 27 / 17

2단계: 미래 가격 예측
각 질문에서 주어진 잠실 주공5단지의 미래 가격과 비례 상수를 이용하여 다른 아파트의 미래 가격을 계산합니다.

질문 ①
2028년 8월 잠실 주공5단지가 40억 원이 된다고 가정했을 때,
- 올림픽선수기자촌: 40억 원 × (22억 / 27억) ≈ 32.59억 원
- 오금 현대: 40억 원 × (17억 / 27억) ≈ 25.19억 원

질문 ②
2032년 8월 잠실 주공5단지가 52억 원이 된다고 가정했을 때,
- 올림픽선수기자촌: 52억 원 × (22억 / 27억) ≈ 42.22억 원
- 오금 현대: 52억 원 × (17억 / 27억) ≈ 32.96억 원

[Microsoft Copilot 답변]

질문 ①
2024년 8월 기준 4년 후(2028년 8월)에 잠실 주공5단지 아파트가 40억 원에 도달할 때, 다른 아파트들의 가격을 계산해 보겠습니다.
- 현재 비례율:
  - 잠실 주공5단지 아파트 : 올림픽선수기자촌 아파트 = 27억 원 / 22억 원 ≈ 1.23
  - 잠실 주공5단지 아파트 : 오금 현대아파트 = 27억 원 / 17억 원 ≈ 1.59
- 2028년 8월에 잠실 주공5단지 아파트 가격: 40억 원
  - 올림픽선수기자촌 아파트 가격: 40억 원 / 1.23 ≈ 32.52
  - 오금 현대아파트 가격: 40억 원 / 1.59 ≈ 25.16억 원

질문 ②
2024년 8월 기준 8년 후(2032년 8월)에 잠실 주공5단지 아파트가 52억 원에 도달할 때, 다른 아파트들의 가격을 계산해 보겠습니다.

- 현재 비례율(위와 동일):
  - 잠실 주공5단지 아파트 : 올림픽선수기자촌 아파트 = 27억 원 / 22억 원 ≈ 1.23
  - 잠실 주공5단지 아파트 : 오금 현대아파트 = 27억 원 / 17억 원 ≈ 1.59
- 2032년 8월에 잠실 주공5단지 아파트 가격: 52억 원
  - 올림픽선수기자촌 아파트 가격: 52억 원 / 1.23 ≈ 42.28억 원
  - 오금 현대아파트 가격: 52억 원 / 1.59 ≈ 32.7억 원
- 결론적으로:
  - 2028년 8월: 올림픽선수기자촌 아파트는 약 32.52억 원, 오금 현대아파트는 약 25.16억 원
  - 2032년 8월: 올림픽선수기자촌 아파트는 약 42.28억 원, 오금 현대아파트는 약 32.7억 원

아래는 인공지능들이 답변한 방이 올림픽선수기자촌과 오금 현대아파트의 2028년 평균값을 계산한 표이다.

가격/인공지능	CLOVA X	Google Gemini	Microsoft Copilot	2028년 평균값
방이 올림픽선수기자촌	32	32	32	32
오금 현대	24	25	25	25

* 단위는 억 원.

아래는 인공지능들이 답변한 방이 올림픽선수기자촌과 오금 현대아

파트의 2032년 평균값을 계산한 표이다.

가격/인공지능	CLOVA X	Google Gemini	Microsoft Copilot	2028년 평균값
방이 올림픽선수기자촌	43	42	42	42
오금 현대	33	32	32	32

* 단위는 억 원.

  송파구 '올림픽 3대장'으로 불리는 방이동 올림픽선수기자촌, 문정동 올림픽훼밀리타운, 잠실동 아시아선수촌아파트가 2024년부터 각각 정비계획 수립, 주민제안 등을 거치며 본격적인 재건축 절차에 돌입하고 있다.

  이 중 올림픽선수기자촌 아파트는 1988년 서울올림픽에 참가하는 선수와 기자들의 숙소로 조성한 아파트로 총 122개 동, 5,540가구, 부지 면적이 66만 2,196㎡에 달한다. 단지는 용적률(대지면적 대비 건축물 연면적 비율)이 137%로 낮아 기존 5,540가구가 1만여 가구 이상의 미니 신도시급 대단지로 재건축될 예정이다.

  올림픽선수기자촌아파트는 2024년 7월에 송파구에 정비계획 입안 동의서를 제출하며 재건축에 속도를 내고 있다. 올림픽공원과 지하철 5·9호선 환승역을 끼고 있어 재건축 이후에 송파 지역에서 독보적 위치를 유지할 가능성이 크다.

  올림픽훼밀리타운(현재 4494 가구)은 최고 26층, 6,620가구 규모로 재건축이 예정돼 2024년 12월 현재 재건축 정비계획 열람공고가 진행 중이다. 올림픽훼밀리는 가락시장과 법조타운 등 인프라가 강점이지만 고도 제한이 단점으로 작용할 수 있다.

오금 현대아파트는 송파구 내 재건축 사업장에서도 숨은 진주로 평가받는 단지이다. 2024년에 서울시가 발표한 오금 현대아파트 정비구역 지정·정비계획 결정에 따르면 현재 21개 동, 1,316가구 규모인 이 아파트는 최고 37층, 2,436가구 규모로 재건축된다.

이 단지는 지난 2020년 5월 공공기획으로 선정된 후 이듬해 8월 공공기획안에 대한 주민 공람·공고를 진행했다. 하지만 과도한 임대주택 건립 비율과 주민의견을 반영하지 않았다는 등의 이유로 재건축 추진이 난항을 겪어 가락 삼익, 방이 대림, 송파 미성맨션, 한양3차 등 주변의 송파동 재건축 단지들에 비해 정비구역 지정이 늦었다.

이 단지는 지하철 5호선 방이역과 오금역을 걸어서 이용할 수 있는 역세권으로 롯데월드, 롯데월드타워와 가까워 잠실의 문화 혜택을 누릴 수 있다. 또 올림픽공원과 석촌호수까지 도보로 이동이 가능해 쾌적한 자연 환경을 누릴 수 있는 입지적 장점이 많다.

부록:
『랜덤워크 투자수업』에서 배우는 인덱스펀드 투자 전략

부록:
『랜덤워크 투자수업』에서 배우는 인덱스펀드 투자 전략

이 책에서 필자가 주로 인용한 투자 이론가는 벤저민 그레이엄과 버턴 말킬이다. 워런 버핏의 스승인 그레이엄은 기본적 분석 이론을 창시해 가치 투자와 안전 마진 개념으로 주식 투자자들에게 잘 알려져 있다.

그레이엄의 기본적 분석을 비판하는, 효율적 시장 가설학파(EMH)에 속하는 말킬은 인덱스펀드를 처음 제안한 경제학 교수로 워런 버핏, 피터 린치와 함께 3대 주식 이론가로 불린다. 이 책은 미국의 주요 투자 이론 중 하나인 효율적 시장 가설에 기반해 한국의 부동산 시장을 분석하고 있으므로 효율적 시장 가설과 말킬의 이론을 부록에서 필자가 해설하는 방식으로 소개한다.

> 버턴 말킬, 박세연 옮김, 『랜덤워크 투자수업』, 골든어페어, 2023.

효율적 시장 가설은 금융 시장이 이용 가능한 모든 정보를 처리하고 반영하는 데 매우 효율적이라고 주장하는 금융 이론이다. EMH은 미국에서 금융 시장뿐 아니라 부동산 시장에도 자주 적용되는 이론이므로 우리나라 아파트 시장 분석에 활용이 가능할 것이다.

이 가설에 따르면 부동산 가격은 이미 모든 공개된 정보를 반영하고 있기 때문에 개별 투자자가 추가 정보를 얻어 시장을 이길 수 없다.

즉, 부동산 시장은 매우 효율적이어서 누구나 동일한 정보에 접근하고 있으므로 초과 수익을 얻기 어렵다. 다른 말로 표현해 "현재 한국 아파트의 가격은 입지(교통 여건, 학군, 강 조망권, 대형 백화점 등 상권)의 우수성이 이미 모두 가격에 반영돼 있는 결과물이다."라는 주장도 가능해진다. 이렇게 보면 각 개인이 입지의 우수성을 내세워 추후 자신의 아파트 가격이 상승할 여지가 더 높다고 주장하는 것은 개인의 확증편향적 판단일 뿐이다.

EMH는 1960년대에 시카고 대학의 경제학자였던 유진 파마(Eugene Fama)에 의해 처음 개발되었는데, 그는 주식은 항상 공정 가치로 거래되기 때문에 특정인이 주식 시장에서 종목 선택이나 시기를 활용해 지속적으로 시장을 이기는 것은 불가능하다고 보았다. 파마의 EMH 이론은 현대 금융 이론의 초석이 돼 인덱스펀드 투자 등 새로운 투자 전략에 큰 영향을 미쳤다.

파마가 제기한 EMH 이론의 핵심은 랜덤워크 이론으로 EMH는 주가가 무작위 경로를 따르기 때문에 예측할 수 없다고 믿는다. 이 이론에 따르면 모든 정보는 이미 현재 주가에 반영되어 있고, 미래의 가격 움직임은 아직 대중에게 알려지지 않은 미래 정보에 의해 결정되므로 주가는 본질적으로 예측할 수 없다.

랜덤워크는 우리말의 무작위 행보(無作爲行步)에 해당하는 개념으로, 만취한 사람이 한 방향으로 끝없이 가기도 하고, 제자리에서 맴돌기도 하는, 이런 예측하기 힘든 모습을 수학적 모델로 설명한 것이 랜덤워크라 할 수 있다. 주가가 랜덤워크를 보인다고 해서 주식 시장이 변덕스럽다거나 투자할 가치가 없다는 의미는 아니다. 랜덤(무작위)은 비합리적이라기보다는 잘 작동하는 효율적 시장을 의미하기 때문이다.

이 랜덤워크 이론을 대중화한 학자가 버턴 말킬(Burton Malkiel)이다. 경제학자이자 프린스턴 대학교의 교수였던 말킬은 일반 대중에게 알려진 『A Random Walk Down Wall Street』(1973)라는 책으로 유명하다. 말킬은 그의 책에서 주가는 예측할 수 없으며 기술적 분석과 기본적 분석 모두 지속적으로 시장을 이길 가능성이 없다고 주장했다. 말킬의 책은 시장이 효율적으로 움직이기 때문에 이런 시장을 능가하려는 노력은 대체로 무익하다는 생각을 대중화했다. 그의 저서는 학계와 청중들에게 고루 반향을 불러일으켰으며 일반인 투자자들이 투자 전략을 적극적 관리에서 수동적 장기 투자로 전환하는 데 도움을 주었다.

말킬은 개별 종목이 아니라 S&P500처럼 지수에 투자하는 인덱스펀드를 만들어 시장에 선보인 주역이었는데, 투자자는 개별 주식을 선택하거나 시장 타이밍을 맞추기보다는 위험을 최소화하기 위해 광범위한 포트폴리오를 보유해야 한다고 제안했다.

말킬은 역사는 되풀이된다며 차트 분석을 통해 시장을 이길 수 있다고 주장하는 기술적 이론과 버핏 등 내재가치 신봉자들이 추종하는 기본적 이론을 모두 비판한다. 그가 특히 비판하는 것은 과거를 통해 미래를 예측하려는 기술적 이론 지지자들이다. 랜덤워크 투자 이론은 장기적으로 주식 가격은 오르지만 단기적으로는 아무도 예측할 수 없다고 주장한다.

말킬의 이런 연구와 주장은 제시 리버모어와 같은 전설적인 트레이더들에게 큰 영향을 미쳤으며 많은 투자자들이 그를 신봉하기도 했다. 여기 부록의 내용은 그의 저술의 주요 내용을 독자들이 쉽게 이해할 수 있도록 필자가 해설한 것이다.

말킬이 주식 투자자들에게 제시한 투자 조언은 간단하다. 개별 주식을 사고팔거나 액티브펀드를 보유하는 것보다는 인덱스펀드를 사서 보유하는 편이 투자자에게 훨씬 유리하다는 점이다. 그는 개별 종목을 고르기보다 전체 주식 시장 지수를 구성하는 모든 종목으로 이루어진 포트폴리오를 매입하여 보유하라고 권한다. 그는 "주식을 자주 사고팔면서 생기는 거래 비용과 세금, 전문가에게 맡기면서 발생하는 수수료로 인해 이익이 잠식되는 액티브펀드보다 인덱스펀드가 더 나은 성과를 거둘 수 있다."(말킬, 10쪽)고 말한다.

말킬 등 효율적 시장 가설학파가 강조하는 이론인 '무작위 행보(랜덤워크)'는 숫자의 연속에서 다음 수가 이전 수와 별개라서 이전 수로 다음 수를 예측할 수 없다는 수학적 개념이다. 그들의 주장대로 모든 시장 참여자의 기대치와 새로운 정보가 온전히 주가에 반영된다면 주가는 만취한 사람의 걸음걸이처럼 랜덤(무작위)이 되어야 한다. 주가가 랜덤워크를 보인다고 해서 주식 시장이 변덕스럽다는 의미는 아니다. 말킬은 "랜덤은 비합리적이라기보다는 잘 작동하는 효율적 시장의 특징"(말킬, 13쪽)임을 상기시킨다. 이런 관점에서 보면 금융 기관이 제공하는 투자 전문 서비스나 수익 예측 혹은 차티스트들의 주가 분석이 모두 쓸모없다는, 극단적인 해석도 가능해진다.

말킬은 1900년대부터 미국 금융계에서 인기를 끈 투자 이론을 크게 두 가지 ― 견고한 토대 이론(firm-foundation theory)과 공중누각 이론(castle-in-the-air theory)(말킬, 37쪽)으로 구분한다. 견고한 토대 이론에서는 주식이든 부동산이든 모든 투자 자산은 그 내재가치라고 하는 견고한 닻을 갖고 있다고 가정한다. 이 이론에 따르면 시장 가격이 내재가치보다 떨어지면 혹은 올라가면 견고한 토대로 돌아올 수밖에 없기 때문에 매수 혹은 매도 기회가 증가한다. 이 이론에서 투자란 특정 자산이 시장 가격과 내재가치를 비교해서 매수와 매도를 판단하는 지루하고 단순한 활동이다.

견고한 토대 이론의 주요 이론가인 존 버 윌리엄스는 『투자 가치 이론』에서 주식의 내재가치를 결정하는 공식을 내놨다. 윌리엄스의 접근 방식은 배당 수익에 기반을 두는데, 할인이라는 개념을 도입했다. 할인이란 기본적으로 미래 소득을 앞당겨서 계산한다는 뜻이다. 그는 주식의 내재가치는 미래의 모든 배당 수익의 현재(혹은 할인된) 가치와 동일하다고 주장했으며, 투자자에게 미래에 얻게 될 가치를 '할인'해야 한다고 조언했다. 오늘날에 이 '할인'이라고 하는 용어는 투자자 사이에서 널리 사용되고 있다.

윌리엄스에 따르면 증권을 분석할 때는 장기 성장률뿐 아니라 성장이 지속하는 기간까지 고려해야 하는데, 시장이 미래 성장에 대해 열광적일 때 대개 미래 성장 기간을 넘어서 사후까지도 계산에 넣으려고 한다. 중요한 사실은 견고한 토대 이론 자체가 미래의 성장 기간과 범위에 대해 까다로운 예측에 의존하고 있다는 점이다. 이러한 점에서 내재가치 이론을 주식이나 부동산에 투자하는 투자자들은 기대했던 것보다 이 이론의 신뢰성을 의심하는 경우가 많다.

견고한 토대 이론의 완성자는 벤저민 그레이엄과 데이비드 도드라고 할 수 있다. 그레이엄은 『증권분석』을 통해 분석가들은 건전한 투자 관리를 위해서는 가격이 일시적으로 내재가치보다 떨어져 있는 종목을 매입하고 일시적으로 올라가 있는 종목을 매도해야 한다고 가르친다. '오마하의 현인'이라고 불리는 워런 버핏은 그레이엄의 수제자로, 견고한 토대 이론을 실전에 적용해 성공을 거둔 대표적인 케이스이다.

공중누각 이론

그의 책에서 말킬은 공중누각 이론의 심리적 가치에 주목한다. 이 이론은 경제학자인 존 메이너드 케인스가 개념화했는데, 그의 주장에 따르면 투자자는 투자에 나선 군중이 앞으로 어떻게 행동할 것인지, 또 낙관적인 기간 동안 어떻게 공중누각을 지을 것인지 예측하는 작업에 집중해야 한다. 케인즈는 성공적인 투자자는 사람들이 어떤 상황에서 공중누각을 짓는지 미리 간파함으로써 한 발 더 앞서 나간다고 주장한다.

케이스는 견고한 토대 이론의 근거가 의심스럽다고 지적했다. 케인스는 자신의 책 『고용, 이자 및 화폐의 일반 이론』에서 주식 시장과 기대 심리의 중요성을 집중적으로 다루었는데, 그 책에서 많은 투자자들이 "투자를 위해 평생에 걸친 장기적인 예측을 하기보다 일반 대중에 조금 앞서 종래의 근거에 기반해서 가치의 변화를 예측하는 일에 관심을 기울인다"(말킬, 40쪽)고 말했다.

케이스는 재무적 가치가 아니라 심리 원칙을 주식 시장 연구에 적용하려 했는데, "30의 가치를 생산할 것으로 예상하더라도 3개월 후 시장이 이를 20으로 평가한다면 여기에 25를 투자하는 것은 합리적 선택이라고 볼 수 없다."(말킬, 40쪽)고 강조한다. 이 책에서 케이스는 이해를 돕기 위해 비유를 들어 주식 시장의 원리를 설명했는데, 그의 설명에 따르면 주식 투자는 곧 신문사 주최로 열린 미인 사진 뽑기 대회에 참여하는 것과 같다.

이런 시합에서 똑똑한 참가자라면 미에 대한 자신의 기준은 별 의미가 없다는 사실을 알아차리고 다른 참가자들이 선택할 가능성이 높은 사진을 선택하려 할 것이다.

이 이론은 투자자들 사이에서는 '더 어리석은 바보' 이론이라고 불린다. 투자는 다음 구매자가 향후 더 높은 가격으로 구매해 줄 것이라는 기대가 무한 반복되면서 자동으로 굴러가는 것이다. 우리가 주식을 사는 것은 다음 사람이 내가 산 주식을 더 높은 가격에 구매할 것이라는 기대 심리가 있어서 가능하다. 그러나 많은 경우 내가 사는 주식은 이미 누군가가 더 낮은 가격에서 매집한 것으로, 내가 주식을 살 때 선취한 매수자는 그 주식을 파는 경우도 많다. 이 경우 나는 남이 만들어 놓은 차트에 잘 속아 넘어가는 이른바, 어리석은 바보가 되는 셈이다. 여기서 현명한 투자자가 해야 할 일은 남들보다 일찍 출발하는 것뿐이다.

공중누각 이론은 1999년대의 닷컴버블과 같은 경우를 설명하기에 유용하다. 당시 미국의 대표적인 인터넷 기업인 시스코는 수년간 주가가 수백 배까지 치솟았는데, 이런 과도한 상승은 내재가치 이론으로는 설명될 수 없다. 당시 인터넷 분야와 첨단 기술 분야에서 일어난 주식 열풍은 오직 군중 심리를 통해서만 설명이 가능하다. 이런 군중 심리를 강조하는 공중누각 이론을 이어받은 행동경제학이 2000년대 초 학계에서 많은 주목을 받았는데, 대표적인 학자인 오스카 모겐스턴은 "주식의 내재가치를 구하려는 노력을 도깨비불을 찾아서 돌아다니는 일"(말킬, 42쪽)이라고 주장했다. 그는 투자는 다른 사람이 가격을 지불하려고 하는 것만이 가치가 있다고 말해 투자의 심리적 측면을 강조한다.

말킬은 공중누각 이론이 적용된 예로 두 가지를 거론(말킬, 90쪽)하는데 하나는 일본의 주식과 부동산이다. 1990년까지 일본에서는 대출 과열과 유동성 붐이 부동산과 주식 시장을 밀어 올린 가운데 인플레이션이 심각했다. 이에 대해 일본은행은 대출을 규제하면서 금리를 인상하는 방법으로 부동산 가격 상승을 막고 주식 시장의 과열을 식히고자 했으나 개인 심리의 붕괴는 이후 일본의 '잃어버린 30년'이라는 최악의 결과를 가져왔다.

이 책에서 말킬이 소개하는 또 다른 공중누각 현상은 21세기의 닷컴버블이다. 그에 따르면 인터넷 거품이 터졌던 2000년대 초에 8조 달러가 넘는 시장 가치가 증발했는데, 이는 "독일, 프랑스, 영국, 이탈리아, 스페인, 네덜란드, 러시아 경제의 한 해 생산량이 몽땅 사라진 것과 같다."(말킬, 93쪽)

버블 경제에 관심을 갖고 오랫동안 연구해 온 말킬은 특정 분야의 주식(닷컴버블 때는 인터넷 열풍과 관련된 주식)이 상승하면서 거품은 시작된다고 경고한다. 이러한 상승은 더 많은 사람이 해당 주식을 사도록 부추기고, 이는 다시 더 많은 TV와 인쇄 매체가 그 주식을 다루도록 만든다. 그러면 더 많은 사람이 그 주식을 사게 되고 그 과정에서 인터넷 관련주를 초기에 매수한 사람이 큰 수익을 올린다. 그렇게 많은 돈을 번 투자자는 부자가 되는 게 얼마나 쉬운 일인지 떠들고 돌아다니고, 그 이야기를 들은 더 많은 사람이 투자에 뛰어든다. 말킬은 이런 시나리오는 "일종의 폰지 사기와 같아 점점 더 많은 순진한 투자자가 나타나 초기 투자자로부터 주식을 사 줘야 한다."(말킬, 94쪽)고 말해 거품의 위험성을 경고한다.

말킬은 한 예로 닷컴버블 당시 시스코를 거론하는데, 2000년 초 투자자를 대상으로 한 설문 조사 결과를 보면 투자자들은 인터넷 산업의 토대 기업이라고 널리 알려진 시스코 같은 회사의 경우 연 15% 수익률은 당연한 것으로 여겼다. 만일 시스코의 이익이 향후 25년간 15%씩 성장하고 미국 경제가 같은 기간 동안 5% 성장률을 이어 간다면 시스코는 미국 경제의 전체 규모를 넘어서는, 말도 안 되는 상황이 벌어질 것이다.

버블 경제하에서는 이처럼 주식 시장 가치 평가와 미래 성장에 대한 합리적인 기대 사이에 완전한 단절이 일어나고 있었다. 나중에 거품이 꺼졌을 때 우량주인 시스코조차 시장 가치의 90% 이상을 잃었고, "2022년 초 시스코의 주가는 거품이 한창이던 2000년보다 더 낮았다."(말킬, 96쪽) 이런 시스코의 주가 상승과 말킬의 분석은 2020년 이후 엔비디아의 주가 상승을 연상시킨다.

말킬의 책에서 교훈을 얻어 필자는 2024년 4월에 네이버 〈부동산스터디〉 카페에 올린 '인공지능버블로 2026년까지 서울 아파트 상승장(cafe.naver.com/jaegebal/5096572)'이라는 글에서 1995년 닷컴버블이 시작됐을 때처럼 인공지능(+로봇) 버블이 오고 있다고 전망했다. 필자는 그 근거로 2023년 이후 엔비디아가 4배, 비트코인이 3배 상승한 것이 인공지능버블의 조짐으로 보았다. 인공지능+로봇의 조합이라는 신기술은 거대한 투자 효과를 유발해 이 산업이 진행되는 향후 5년 이상 급격한 통화량 팽창을 가져올 것이다.

닷컴버블의 절정기인 1999~2000년에 우리나라 코스닥의 새롬기술이 100배, 인터넷 대장주였던 다음(Daum)이 20배 상승했다. 필자는 엔비디아가 지난 8년 동안 수백 배 상승한 것이 이런 기술 버블 현상이라고 본다.

2024년 4월에 카페에 올린 글에서 필자는 올해 말까지 나스닥이 2만, S&P가 6,000, 비트코인이 9만 달러에 이르면 버블의 시작이라고 진단했는데, 2024년 12월 초 현재 이 지수들은 필자의 예상에 거의 근접하고 있다.

1999년의 버블 절정기를 경험한 필자가 보기에 버블은 모든 지수, 지표와 그에 따른 예측을 무력화시킨다. 버블이 오면 고금리에도 부동산, 주식 등 자산은 상승한다. 1992년에 2%대였던 미국 금리는 닷컴버블이 진행된 1995~2000년 사이의 5년간 6%~4.75%~6.5% 사이를 오르내렸다. 닷컴버블 10년 동안 금리가 10%대였던 한국도 압구정 신현대아파트와 코스닥지수가 6배 상승했다.

지금까지 공장과 식당에 돌아다니는 로봇은 지능이 없었다. 그러나 테슬라와 중국 업체들이 치열한 로봇 경쟁을 하고 있어서 향후 5년 내에 인간보다 아이큐가 높은 도우미 로봇이 가정과 사무실에서 돌아다닌다고 한다. 지금은 지구에서 최초로 인간보다 지능이나 힘이 우세한 종이 탄생하는 순간이다. 수천 년간 인간이 축적해 온 생산 양식이 폐기되고, 인공지능+로봇에 의한 새로운 생산 양식이 등장할 것이다. 이런 일에는 앞으로 8년간 천문학적인 자금이 투자되고, 통화량이 급격히 팽창하면서 엔비디아 같은 기업이 계속 출몰해 버블을 키울 것이다.

그렇다면, 누가 이런 버블을 키우는가? 이에 대해 말킬은 자신의 책에서 오랫동안 증권 시장에서 투자자로 일해 온 자신의 경험을 토대로 하는 분석을 제공한다. 그가 특히 주목하는 버블의 조력자들은 월스트리트의 증권분석가이다. 그들은 닷컴버블 당시 인터넷 거품에 뜨거운 바람을 불어넣었는데, 말킬은 대표적인 인물로 모건스탠리의 메리 미커, 메릴린치의 헨리 블로짓, 살로먼스미스바니의 잭 그럽먼(말킬, 101쪽) 등을 거론한다.

　미국 투자 전문지 「배론즈(Barron's)」가 미커를 "인터넷의 여왕"이라고 칭할 정도로 증권분석가들은 스포츠 스타만큼의 인기와 더불어 엄청난 연봉을 받았다. 하지만 말킬은 그들이 그럴 수 있었던 것은 탁월한 분석 능력 때문이 아니라 수익성 높은 기업 금융 사업을 주도하는 뛰어난 능력 때문으로 본다.

　증권분석가들은 기업 공개 이후에도 우호적인 분석 자료를 계속해서 내놓음으로써 끝까지 지원을 하겠다는 약속을 암묵적으로 지킨다. 증권분석가들은 강세 시장에서 공식 치어리더로 활약했다. 이들 증권분석가들은 낙관적인 전망에 대해 언제나 그럴듯한 근거를 제시해 고객을 현혹시켰다. 말킬은 이들이 대체로 '매도' 종목을 한 건 언급할 때마다 '매수' 종목은 열 건을 언급한다고 지적(말킬, 101쪽)하고, 이 비율은 거품이 이는 동안에 1:100까지 벌어졌음을 상기시킨다.

　말킬은 버블 시기에는 기업에 대한 더 많은 정보를 갈망하는 대중의 요구를 충족시키기 위해 많은 비즈니스 채널이 동원됨을 경고한다. 그에 따르면 닷컴버블 시기에 미국에서 경제 방송사인 「CNBC」나 「블룸버그」 같은 케이블 방송이 하나의 문화적 현상이 되었다.(말킬, 105쪽) 전 세계의 수많은 헬스클럽, 공항, 술집, 레스토랑이 TV 채널을 아예 「CNBC」에 고정시켜 놓았다. 방송사들은 주식 시장을 스포츠처럼 중계해 개장 전에는 그날 시황에 대해 예측하고, 개장 시간 동안에는 실황 중계를 했으며, 폐장 후에는 하이라이트를 보여 주면서 투자자들이 다음 시험에 대비하도록 했는데, 이런 현상은 2024년 현재도 비슷하다.

　말킬은 닷컴거품과 같은 투기 열풍이 드러낸 자본주의 시스템의 가장 추악한 사례로, 한때 미국의 7대 기업이었던 엔론의 성장과 몰락을 꼽고 있다.(말킬, 105쪽) 당시 엔론은 에너지 사업을 넘어서서 광대역 통신, 전자상거래, 온라인 유통에 이르기까지 모든 시장을 장악하게 될 완벽한 신경제 주식으로 각광받았는데, 후일 밝혀진 바에 따르면 엔론은 순진한 투자자를 대상으로 저지른 수많은 회계 부정 기업 중 하나에 불과하다. 지금도 이런 회계 부정 사례가 계속 드러나고 있기 때문에 기업의 재무재표만을 참고해서 투자하는 것이 위험하다고 할 것이다.

말킬이 그의 책에서 예로 든 또 다른 버블 사례는 암호화폐 거품이다. 비트코인은 지난 10년간 수백 배를 상승해 왔기 때문에 암호화폐에 익숙하지 못한 세대는 비트코인을 닷컴버블 시대의 시스코처럼 거품으로 보기 쉽다. 많은 버블 현상을 연구해 온 말킬은 "암호화폐 가격 상승과 대중의 상상력을 사로잡은 방식은 닷컴거품의 광기와 섬뜩하게 닮았다."(말킬, 120쪽)고 경고한다. 세계적인 암호화폐인 비트코인은 '통화의 미래', '쓸모없는 사기' 등 다양한 평가를 받아 왔다. 그리고 어쩌면 역사상 최악의 금융 거품으로 드러날지도 모른다. 비트코인 가격은 극단적인 모양새로 요동치고 있다. 디지털 토큰 하나의 가격은 몇 센트에서 2017년 말에는 2만 달러까지 치솟았다. 일 년 후에는 4천 달러 아래로 거래되었고 2021년 4월에는 6만 달러를 넘어섰다. 그러나 두 달 후 3만 달러 밑으로 떨어졌다. 이후로 몇 달 사이에 50% 가까이 올랐다 떨어지기를 반복하기도 해서 주식에 비해서는 항상 불안정하다.

암호화폐와 관련해 말킬은 돈의 정의에 주목한다. 그는 돈은 경제 속에서 세 가지 기능을 한다고 설명하는데, 첫째, 교환 매체다. 돈을 가지고 재화나 서비스를 살 수 있기 때문에 우리는 돈을 소중히 여긴다. 둘째, 돈은 계산 단위다. 즉, 가격을 정하고 현재와 미래의 부채를 기록하는 데 필요한 기준이다. 셋째, 돈은 가치 저장소다. 우리는 재화나 서비스를 판매하고 돈을 받는다. 그리고 그 돈으로 다른 뭔가를 살 수 있다. 주식과 같은 또 다른 형태의 자산으로 가치를 저장할 수도 있지만 돈이 가장 유동성 높은 자산이다.

그렇다면 암호화폐는 이러한 돈의 요건을 얼마나 충족하는가? 이에 대해 말킬은 "첫 번째 요건인 교환 매체로써의 역할은 어느 정도 충족한다."(말킬, 124쪽)로 본다. 비트코인을 비롯한 여러 암호화폐는 전 세계적으로 다양한 형태의 거래에 활용되고 있기 때문이다.

그러나 가치의 극단적인 불안정성은 화폐의 정의에 대한 두 번째, 세 번째 요건을 충족시키지 못함을 말킬은 지적한다. 가치의 상당 부분이 날마다 생겨나거나 사라지는 자산은 유용한 계산 단위나 안정적인 가치 저장소로써 기능하지 못한다. 미국 달러나 세계 주요 화폐는 중앙은행이 존재하기 때문에 가치의 안정성이 어느 정도 확보되지만, 암호화폐는 가치가 요동치지 않도록 중심을 잡아 주는 닻이 애초에 존재하지 않는 셈이다.

결론적으로 말킬은 암호화폐는 국제 지불 시스템을 크게 개선해 줄 유망한 신기술이 아니면, 많은 이를 경제적 파탄으로 몰고 갈 또 하나의 투기 거품일 수 있다고 본다. 암호화폐 열풍 뒤에 숨어 있는 블록체인은 실제 기술이며, 향후 개선된 버전이 나올 것으로 보인다. 이러한 신기술의 등장은 국제 지불 시스템을 근본적으로 바꿔 놓을 것이다. 말킬은 하지만 "이러한 현상이 '실질적'이라는 이유로 '거품에서 자유롭다'고 말할 수는 없다."(말킬, 127쪽)고 경고한다.

1990년대 말 인터넷 기술 역시 실질적인 것이었다. 그럼에도 거품이 터지자 인터넷의 핵심 토대였던 스위치와 라우터를 생산하는 시스코시스템즈와 같은 기업도 가치의 90%를 잃어버렸다. 게다가 비트코인과 여러 암호화폐의 가격 상승이 전통적인 거품의 양상을 띠고 있음을 말해 주는 뚜렷한 조짐이 보이고 있다.

비트코인의 열렬한 지지자들은 토큰 시장의 전체 규모가 최대 2,100만 개로 제한되어 있다는 사실을 강조한다. 하지만 비트코인과 경쟁하는 암호화폐는 이러한 제약에서 자유롭기 때문에 이런 주장도 위험해 보인다. 이더리움의 기술을 지지하는 사람들은 이더리움이 비트코인보다 훨씬 낫다고 말한다.

여담이지만 필자는 비트코인의 안정성을 보장하는 2,100만 개라는 제한도 위험할 수 있다고 생각한다. 이런 제약은 평균 아이큐가 100 수준인 인간의 범위에서 논하는 한계이다. 지금의 속도로 발전하면 향후 ChatGPT 같은 생성형 AI의 아이큐는 수천에서 수만 단위에 이를지도 모른다. 지금도 인공지능의 아이큐는 500 단위를 넘어섰다는 분석도 있다. 100미터 달리기에서 9초의 벽을 태생적인 한계로 인간은 깰 수 없지만 달리기 로봇은 금방 깰지 모른다. 같은 원리로 아이큐가 수천 단위가 되면 인공지능이 2,100만 개로 제한된 비트코인의 기술적 완결성을 풀지도 모른다. 그렇기 때문에 지금은 인간의 범위 내에서 이루어져 온 어떤 기술도 완벽하다고 확신할 수 없다고 본다.

기본적 분석 대 효율적 시장 가설

말킬이 속하는 효율적 시장 가설학파는 버핏이 추종하는 내재가치 개념 중심의, 견고한 토대 이론에 대해서 많은 비판을 가해 왔다. 우리가 아는 금융권의 증권분석가들은 대부분이 기본적 분석 중심의 즉, 내재가치 중심의 견고한 토대 이론 지지자들일 것이다. 그런데 이런 기본적 분석의 효용을 둘러싸고 오랫동안 상반된 입장이 맞서고 있다.

은행, 투자금융사에서 장기간 투자 상품 분석을 수행해 온 전문가들은 개인 투자자는 전문 펀드매니저나 기본적 분석가 팀과 맞붙어서 이길 승산이 없다고 생각하기 쉽다. 그러나 말킬은 "원숭이가 눈을 가리고 주식 목록을 향해 다트를 던져서 종목을 선택해도 전문 펀드매니저만큼 실적을 올릴 수 있다."(말킬, 188쪽)고 말해 이런 선입견을 부정한다. 그에 따르면 펀드매니저와 분석가들이 종목 선정에서 아마추어 투자자보다 우세한 편이 아닌 셈이다.

말킬은 증권분석가들이 미래 예측에 어려움을 겪는 이유로 ① 무작위 사건의 영향, ② 의심스러운 이익 보고, ③ 분석가의 실수, ④ 분석가의 유출, ⑤ 이해 상충 문제(말킬, 193쪽) 등 다섯 가지를 꼽는다.

이 중 ① 의 사례를 보면 기업 이익에 대한 전반적인 전망에 영향을 미치는 많은 사건은 무작위하게, 즉 예측 불가능하게 발생한다. 2000년 초의 닷컴버블 후반기에 다양한 인터넷 기술 기업과 텔레콤 기업에 대한 성장 전망은 완전히 빗나갔었다. 기대를 모았던 신약의 효과를 입증하지 못하거나 예기치 못한 심각한 부작용이 발견되면서 임상실험을 통과하지 못하는 경우가 발생했는데, 이처럼 예측 불가능한 사건이 기업 이익에 영향을 미친 사례는 무궁무진하다.

②에 대해서 말킬은 "기업의 손익계산서는 비키니와 같다. 드러내 보이면서도 중요한 부분은 가린다."(말킬, 194쪽)는 표현으로 많은 기업이 주가를 끌어올리기 위해 매출과 이익을 적극적으로 부풀리고 있음을 경

고한다. 이러한 회계 부정은 특히 버블 시기에 심각해서 실패한 닷컴기업과 주요 첨단 기술 기업들이 이익을 부풀려 투자 집단을 속이려 들었다.

분석가들이 현재 이익을 계산하고 미래 이익을 예측하는 과정에서 어려움을 겪는 주요한 이유는 기업이 일반적으로 인정된 회계 원칙에 따른 실제 이익이 아니라 소위 '추정 이익'이나 '조정 이익'을 보고하기 때문이다. "어떤 비용을 무시할 것인가와 어떤 수익을 인식할 것인가에 따라 기억 이익은 크게 부풀려질 수 있다."(말킬, 196쪽)는 말로 말킬은 기업 이익의 문제를 경고한다.

③을 설명하면서 말킬은 자신이 투자 자문으로 일하면서 직접 접촉한 증권분석가들과의 경험을 토대로, "그들이 특별히 통찰력이 있거나 예리한 것은 아니며, 그들은 종종 말도 안 되는 실수를 저지른다."(말킬, 197쪽)고 말한다. 그는 한 예로 1990년대 초 「월스트리트 저널」이 실시한 다트 콘테스트를 소개했다. 여기서 매월 네 명의 전문가가 다트판과 실적을 놓고 경쟁을 벌였는데, 2000년대 초까지 결과를 보면 전문가가 다트 판보다 살짝 앞선 것으로 나타났다.

이 대목에서 말킬은 펀드의 실적 순위를 결정하는 주체는 행운의 여신이라고 결론을 내리고 있다. 그는 여러 예를 들고 있는데, 1970년대에 상위 20개 뮤추얼 펀드는 1980년대로 접어들면서 평균에 한참 못 미치는 실적을 드러냈다.

특히 우리나라에서 '돈나무 언니'로 널리 알려진 캐시우드를 분석한 내용이 흥미롭다. 2020년 캐시우드의 ARK 이노베이션 펀드는 파괴적인 혁신에 뛰어든 테슬라 같은 기업에 집중하는 전략을 바탕으로 가치가 두 배로 증가했다. 그러나 그 놀라운 성과는 곧바로 무너지고 말았다. 2021년에 S&P500지수가 플러스 27%를 기록한 반면, ARK 이노베이션 펀드는 마이너스 23.5%를 기록했다. 블룸버그에서는 이미 2022년 3월에 ARK 이노베이션 펀드가 50% 이상 하락한 것으로 추산했다.(말킬, 208쪽)

이런 사실을 근거로 말킬은 "시장을 이기는 펀드를 발견하는 것은 건초더미에서 바늘 찾기만큼 힘들다."(말킬, 213쪽)고 하면서 잘 분산된 주식 지수에 포함된 모든 종목을 매수해서 보유하는 펀드인 인덱스펀드에 투자하는 전략을 강력히 추천한다. 그는 세상에서 가장 똑똑한 월스트리트의 금융 전문가들조차 기업의 정확한 가치를 정확히 판별하기는 어렵다고 하고, 인덱스펀드와 같은 시장의 집단적인 지혜를 따라야 더 높은 수익률을 얻을 수 있음을 강조한다. 광범위한 지수에 포함된 모든 주식을 보유하는 펀드를 선택함으로써 전문적인 증권분석가가 운용하는 펀드보다 더 높은 수익률을 올릴 수 있다는 뜻이다.

이런 관점에서 말킬은 투자 이론 중에서 효율적 시장 가설을 지지하는데, 이 이론의 진정한 의미는 아무도 주가가 너무 높은지 혹은 낮은지를 확신할 수 없다는 점이다. 또한 효율적 시장 가설에서 주가가 목적 없이 아무렇게나 움직이며 기본적 정보 변화에 둔감하다는 뜻이 아니다. 주가가 랜덤으로 움직이는 이유는 정반대다. 그것은 시장이 너무 효율적이어서, 즉 정보가 나오자마자 주가가 즉각 반응하기 때문에 어떤 개인 투자자도 이익을 볼 수 있을 만큼 빨리 매수하거나 매도할 수 없다는 말이다. 그리고 뉴스는 항상 무작위로, 즉 예측할 수 없는 방식으로 터져 나오므로 과거의 기술적 정보 혹은 기본적 정보를 분석함으로써 미래를 예측할 수 없다고 말킬은 주장한다.

한국도 지금은 인덱스펀드 시대이다. 과거와 달리 미국의 주식을 실시간 거래가 가능하고, 미국 지수를 추종하는 국내 투자사들의 인덱스펀드도 다양하게 제공되고 있어 과거의 어느 때보다 인덱스펀드가 활성화돼 있다. 개별 주식 매매로 손해를 보는 투자자는 말킬의 조언에 따라 인덱스펀드 투자를 활용하기 바란다.